三毛的万水千山

白落梅 作品

你是锦瑟 我为流年

湖南文艺出版社
HUNAN LITERATURE AND ART PUBLISHING HOUSE

博集天卷
CS-BOOKY

图书在版编目（CIP）数据

你是锦瑟 我为流年 / 白落梅著.—长沙：湖南
文艺出版社，2019.6
ISBN 978-7-5404-9138-3

Ⅰ.①你… Ⅱ.①白… Ⅲ.①传记文学—中国—当代
Ⅳ.①I25

中国版本图书馆CIP数据核字（2019）第060448号

上架建议：畅销书 · 文学

NI SHI JINSE　WO WEI LIUNIAN
你是锦瑟　我为流年

作　　者：白落梅
出 版 人：曾赛丰
责任编辑：薛　健　刘诗哲
监　　制：于向勇　秦　青
策划编辑：刘　毅
文字编辑：陈文彬
营销编辑：刘晓晨　刘　迪　初　晨
封面设计：末末美书
版式设计：李　洁
内文排版：麦莫瑞
出版发行：湖南文艺出版社
　　　　　（长沙市雨花区东二环一段508号　邮编：410014）
网　　址：www.hnwy.net
印　　刷：北京天宇万达印刷有限公司
经　　销：新华书店
开　　本：875mm×1270mm　1/32
字　　数：166千字
印　　张：9
版　　次：2019年6月第1版
印　　次：2019年6月第1次印刷
书　　号：ISBN 978-7-5404-9138-3
定　　价：58.00元

若有质量问题，请致电质量监督电话：010-59096394
团购电话：010-59320018

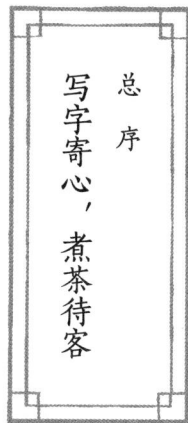

魏晋之风的琴曲，空灵中有一种疏朗，又有几分哀怨，如冬日窗外的细雨，清澄而寒冷，直抵窗前，落于柔软的心中。

这样的雨日，须隔离了行客，掩门清修，亦不要有知心人。一个人，于静室内，焚一炉香，沏一壶茶，消减杂念。

《维摩诘经》云："一切法生灭不住，如幻如电，诸法不相待，乃至一念不住；诸法皆妄见，如梦如焰，如水中月，如镜中像，以妄想生。"

佛只是教人放下，不生妄想执念。却不知，世间烦恼恰若江南绵密的雨，滴落不止。该是有多少修为，方能无视成败劫毁，看淡荣辱悲喜。那些潇洒之言、空空之语，也不过是历经沧桑之后，转而生出的静意，不必羡慕。

我读唐诗觉旷逸，读宋词觉清扬，看众生于世上各有风采。诗词的美妙，如丝竹之音，又如高山江河，温润流转，有慷慨之势，让人与世相忘，草木瓦砾也是言语，亭阁飞檐也见韵致。

想来这一切皆因有情，如同看一出戏，本是茶余饭后消遣之事，可台下的人，入戏太深，竟个个流泪。然世事人情薄浅如尘，擦去便没了痕迹。他们宁愿在别人的故事里，真实地感动，于自己的岁月中，虚幻地活着。

佛经里说缘起缘灭，荒了情意，让人无求无争。诗词里说白首不离，移了心性，令人可生可死。那么多词句，虽是草草写就，却终究百转千回，似秋霜浓雾，迟迟不散。

翻读当年的文字，如墙角未曾绽放的兰芽，似柴门欲开的梅蕊。那般青涩，不经风尘世味，但始终保持一种新意。远观很美，近赏则有雕琢之痕，不够清澈简净。

后来，才学会删繁就简，去浓存淡。知世事山河，不必物物正经，亦难以至善至美。好花不可赏遍，文字不能诉尽，而情意也不可用尽。日子水远山长，自是晴雨交织，苦乐相随。若遇有缘人，樵夫可为友，村妇可作朋，无须刻意安排，但得自然清趣。

琴音瑟瑟，一声声，似在拨弄心弦。几千年前，伯牙奏曲，那弦琴该是触动了钟子期的心，故而有高山流水觅知音的可贵。而文字之妙意，与弦音相同，都是一段心事，几多风景，等候相逢，期待相知。

柳永有词："风流事、平生畅。青春都一饷。忍把浮名，换了浅斟低唱。"他的词，贵在情真，妙在那种落拓之后的洒脱。世上名利功贵纵有千般好，也只是浮烟，你执着即已败了。又或许，人生要从浮沉起落里走出来，才能真的清醒，从容放下。

都说写者有情，读者亦有心。不同之人，历不同的世情，即使读相同的文字，也有不同的感触。有些人，一两句就读到心里去了；有些人，万语千言，亦打动不了其心。

也许，那时的我，恰好与此时的你，心意相通。也许，这时的你，凑巧与彼时的我，灵魂相知。也许，你我缘深，可同看花开花落。也许，你我缘薄，此一生都不会有任何交集。

人间万事，都有机缘。我愿一生清好，在珠帘风影下写几行小字寄心，于廊下堂前煮一壶闲茶待客，不去伤害生灵，也不纠缠于情感，无论晴天雨日，都一样心境，悲还有喜，散还有聚。

当下我拥有的，是清福，还是忧患，亦不去在意，不过是凡人的日子，真实则安好。此生最怕的，是如社燕那般飘荡，行踪难定。唯盼人世深稳，日闲月静，任外面的世界风云变幻，终将是地老天荒。

过日子原该是糊涂的，如此才没有惆怅和遗憾。天下大事，风流人物，乃至王朝的更迭，哪一件不是糊涂地过去？连同光阴时令，山川草木，也不必恩怨分明。糊涂让人另有一种明净豁然，凡事不肯再去相争，纵岁月流淌，仍是静静的，安定不惊。

流年似水，又怎么会一直是三月桃花，韶华胜极？几番峰回路转，今时的我，已是初夏的新荷，或是清秋兰草，心事与从前自是两样。所幸，我始终不曾风华绝代，依旧是谦卑平淡之人。

女子的端正柔顺、通达清丽，让人敬重爱惜。我愿文字落凡尘，亦有一种简约的觉醒，不去感怀太多的世态炎凉。愿人如花草，无论身处何境，都不悲惋哀叹。人世不过经几次风浪，寻常的日子，到底质朴清淡，无碍无忧。

人生得意，盛极一时，所期的还是现世的清静安稳。想当年，母亲亦为佳人，村落里的好山好水，皆不及她的清丽风致；如今却像一株草木，凋落枯萎，又似西风下的那缕斜阳，禁不起消磨。

看尽了人间风景，不知光阴能值几何，如今却晓得珍惜。世上的浮名华贵，纵得到，有一天也要归还，莫如少费些心思。不管经多少动乱，我笔下的文字，乃至世事山河，始终如雪后春阳，简洁安然，寂然无声。

光影洒落，袅袅的茶烟，是山川草木的神韵。我坐于闲窗下，翻读经年的旧文辞章，低眉浅笑，几许清婉，十分安详。

白落梅

目录

春景依旧，时过境迁。花事烂漫，只争朝夕。过去的人事，如同一场花开花落，来不及惜别伤离，就那么过去了。

陌陌风尘，你来我往，缘起缘灭，都成了戏文里的片段，被人反复记起，又决然遗忘。曾经华丽多情的时光，如今亦是这般简洁薄冷。

那一年，她选择将万水千山过尽，誓与红尘同生共死。那一年，她提前走完人世的归程，不再奔走流浪。那一年，我还在早春的巷口，看江南不息的烟雨。那一年，我提笔写下与她相关的故事，没来由地生了一段缘分。

世事迷幻无处可依，人生沧海有迹可循。她算不得惊艳的女子，却以传奇的姿态存在于世间。她坚韧如蒲草，又飘忽似流云。她寂寂而来，匆匆而走；她所到之处，众生难以企及；她所历之事，于你我恍如隔世。

雨季不再来。台北的雨，不似江南这边哀怨缠绵，多了一种清新文艺。她本想将少女心事托付给这座城，奈何尘世疾风骤雨。她选择离群索居，温柔而神秘地活着。

后来，她奔赴异国各地，流浪沙漠荒野，被时光催促，也追赶时光。经历聚散生死，尝尽苦楚风霜，谦卑又骄傲地活着。缥缈如梦幻，真实又疼痛，却始终一往无悔。

她是一个孤独的追梦人，徒步行走，徙转流离，被命运捆绑，又不听从于它的摆弄。她所到之处，并无多少惊奇，她走之后，便成了绝代的风景。

有人说她生性奔放自我，粗犷轻狂，却不知她经历了多少挫败与劫难，才决意带着一种残缺而荒凉的美，远走天涯。她亦只是一株平凡的草木，所不同的是，她顺应了自己的心，倾尽所有地活着。

她生性情多，但那么多的男子皆只是年华里的陪衬，匆匆过场。也想来一场似春风牡丹般的爱恋，为一人，低眉暖语，汲水折花，煮饭烧茶。但最后，皆成了云烟幻影，唯有在行走中，解脱出爱恨沧桑。

是的，尘世间与之相遇的人太多，但懂得并珍惜的人又太少。多情之人，总是多一份闲愁与忧惧。她的世界，因为情爱，生出许多缺憾与怅然。她期待过爱情，也被爱情期待过。她爱过人，又被人爱过。而这些人，最后都转身离去，仓促写下结局。

只有荷西，用漫长的时光将她等待，陪她流浪，再与之诀别。她是撒哈拉沙漠里的一粒尘沙，把千篇一律的日子，过成诗意的苍凉。她去的时候，只为简单的存在，她离开之时，竟是另一种地老天荒。

光年有限，好梦易醒。荷西的死，让她重新回到了孤独，又或者，只有孤独，可以令她风烟俱净。其实，她的人生又何须谁去衬托？她有文字滋养，这一生，无论飘零何处，皆可稳妥安定。

红尘滚滚，她本同我这般，惧怕惊涛骇浪，风吹草动。到后来，她悲喜过尽，再无所畏惧。人活通透了，便是如此，不再依附于谁，也不再为谁迷失方向。然而太过清醒的人生，少了它原本简单的姿态，以及平淡的坚持。

生命华丽而庄严，她此生的修行，不是一个人的盛年锦时，而是许多人的万水千山。她用文字，感染了芸芸众生，这是一段机缘，万般喜忧，只作今世。

她的离开，是偶然，也是必然。但世人依旧在询问，她谜一样的死亡。她是厌倦了，还是无所依恋，或是仅仅只为赶在别人之前，提早了结尘缘？她不想惊动一草一木，却惊动了千万人心。

原谅平凡的我，只想清淡地活着，在人世寂寞的一隅，过着细水长流的日子，不忧亦不惧。而她爱的是流浪，是自由，是世间无处可寻的风景。

有人说，她终究败给了时间。也有人说，她的死是为了给世人布下一盘永远破解不了的棋局。尘世留下与她相关的种种，非她所愿。她想要的，或许只是做一粒渺小的尘沙，一缕淡漠的风，又或什么都不是。

可她真实地存在，她的故事，无杜撰，亦无修饰。她的人生，波澜起伏，却自己做主，一清二白。多年以前，她背着行囊，流浪远方；多年以后，她依旧做回了过客。

不要问我从哪里来

我的故乡在远方

为什么流浪

流浪远方

流浪

她叫三毛，她此一生，都在流浪。

白落梅

戊戌年春月于落梅山庄

引 言
假如爱有来生

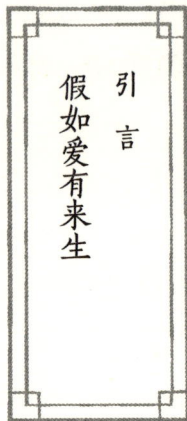

踏光阴而行，折一笠风，盈一袖月，走进沙漠，找寻前世的乡愁。拣尘埃装入行囊，将故事寄去天涯。一个人独对千山，在岁月干枯万年的河床里，忘记繁华。昨日尘缘，于风沙中开始模糊不清。且喝一杯叫承诺的酒，等待有缘人，携一片记忆来相认。

烟花一样寂寞的女子，月光一样骄傲的女子，沙漠一样荒凉的女子。在撒哈拉踽踽独行，邂逅一幕幕预约的风景，因为有过前盟旧誓，迟早都要兑现。问一声南飞的大雁，那些爱过的人，一去不回的时光，是否别来无恙。

　　她打沙漠归来，洗去一身尘埃。走过万水千山，看过天地洪荒，已是世事洞明，波澜不惊。如果有一天，你在红尘某个街巷，遇见这样一个女子，她身材高挑，散着长发，带着一种繁华落尽的沧桑，一种意兴阑珊的美丽。那么，请记得，她的名字叫三毛。

　　她这一生，都在流浪，都在拾荒。也曾在最美的年华，遇见最好的男子。他为她笑傲风云，她为他红颜尽欢。却也因这段初恋，从此流浪远方，挑风担雨。她与荷西是被命运设下的一局棋，起落之间，输赢已定。他们曾经用六年时间错过，又用七年时间来拥有，后来，再用一生时光来别离。

　　这期间，还有许多来历不明的男子，使她遭遇了许多浓淡相宜的情缘。痛过，哭过，承诺过，失信过。哪怕在她迟暮之时，还期待年近八旬的民歌大师王洛宾可以给她一根生活的拐杖。那么多的人，那么多的故事，都成为她生命里擦肩而过的风景。无论是刻骨铭心，还是轻描淡写，结局只仓促收尾，生生做了戏文章节。

　　人生缘分无法预知，我们不知道，打身边走过的人，谁是旧相识，下一个转弯路口，又会与谁遇见。尽管，三毛在行途中不断演绎聚散离合，但那些住进过她心里，甚至与她共枕过的人，都相继而去。她只是立于光阴水岸，为过客饯行的女子。而最后目送她背影的，则是白发苍颜的父母。

世间有太多的错过和遗憾，三毛就是带着这种残缺的美，一个人徒步天涯。她的世界也曾有过良辰美景，有过锦瑟华年，却没有地老天荒。爱情于她，只是一个美丽的幻觉，禁不起日月消磨，在晚风薄暮中渐行渐远。

三毛的故事，无须杜撰，不必虚构，她的人生就是一部不可复制的传奇。她是一个聪慧的女子，在尝尽烟火幸福之后，满足地死去。她选择亲手结束自己的生命，是为了给将来的日子留下一段如梦如幻的空白。而活着的人，在寻觅中叹息，在感动中垂泪，猜测着一个永远也不能知晓的谜底。

岁月原本不会相欺，是我们支付了太多的美好，又不愿平和对待，所以才有了诸多不如意。人其实不必和时光争夺，因为有一天，时光依旧锋利如初，而我们已经清淡如水，从容似风。

卸下半生行囊，把人世风尘关在门外，简约活着，温暖相依。从今后，你是锦瑟，我为流年。

另：《因为懂得　所以慈悲》出版后，总有读者问我，能否

写一本关于三毛的作品？而我皆以沉默作答。其实我并不愿意去追
寻别人的前世今生，亦不忍将一些尘封已久的故事重复取来阅读。
但依稀想起，曾经说过，有些文字，要有始有终。所以终究还是提
笔写下了三毛，写下了滚滚红尘。无须浓烈的情感，不必深刻地解
读，你我都只是她万水千山里的一个过客。还记得她留下过这么一
句祝福：愿大家，平安，喜乐。

白落梅

壬辰年秋月

第一卷 ◎ 天上飘落一粒沙

——你是锦瑟——我为流年——

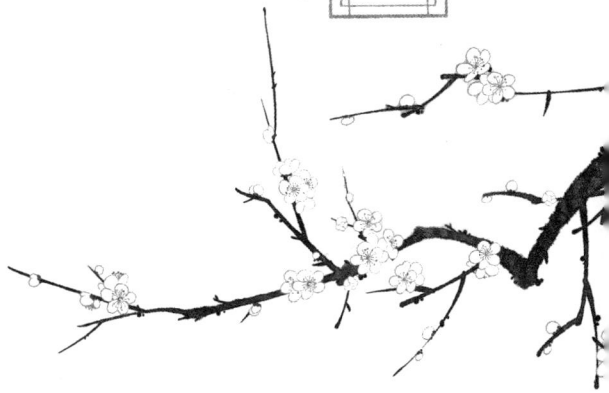

纸上相逢

> 有人说，她是一粒飘忽的尘沙，散落在那个叫撒哈拉的沙漠，无影无踪。也有人说，她是岁月的拾荒者，走过万水千山，看尽尘世涛浪，苍凉满目。

"不要问我从哪里来，我的故乡在远方。为什么流浪，流浪远方，流浪……"这首《橄榄树》，曾经成为一个时代无可替代的经典，被齐豫清澈明亮的歌喉，带至每一个自由辽阔的地方。

而我们都知道，写这首歌的女子叫三毛。她这一生，不慕世间风物情长，不争凡尘冷暖朝夕，不惧人生悲喜消磨，只为了心灵可以自由放飞。哪怕和至爱的人迷散在陌生的风雨里，哪怕从此天各一方，决然相忘，她依然选择远方，选择流浪。

有人说，她是一粒飘忽的尘沙，散落在那个叫撒哈拉的沙漠，无影无踪。也有人说，她是岁月的拾荒者，走过万水千山，看尽尘世涛浪，苍凉满目。还有人说，她是一个谜，关于她的前生后世，她的寻常春秋，旁人都无从知晓。

这一切皆因为她走得太急。没有给任何人交代，不曾留下一句遗言，也来不及和年光相约白头，就那么，那么匆匆离去。所以她的人生，才会如此深沉莫测，耐人寻味。

滚滚红尘，有人修生，有人修死。只是多少人活得心安理得，又死得无有牵挂。关于三毛的死，至今仍是个谜。有人质问过，有人追寻过，却始终不得答案。因为没有谁知道，究竟有什么理由能让正值盛年的三毛甘愿赴死。

那一年，因三毛的死，寂寞多时的文坛，转瞬云飞涛走，沧浪迭起。从此，三毛这个名字，触目惊心，掷地有声。如果你也曾听说她的名字、她的故事，必然会为她的死，悲伤，垂泪。

　　我总以为，像三毛这样一个洒脱、随性的女子，应该活得清醒而通透。她之所以把珍贵的生命和一切深情交还给岁月，并非是向命运低头，亦不是她懦弱胆怯，更不是想换取一世的清白，而是未来那段时光水域，她不想再涉足。世上风景都看遍，人间五味皆尝尽，爱恨情怨已了断，又还有什么可遗憾，不能割舍的？

　　三毛突如其来的自杀，令万千读者平静的心湖波涛汹涌。每一朵浪花，都在询问，她为什么这么决绝，这么心狠，这么不留余地。多希望这是一场误会，待诠释清楚，生命还可以重来。可沧海之上，永远也钓不回逝去的昨天。

　　这世上，最知心的，唯有自己。三毛之死，给世人留下一个无法破解的谜，也给至亲之人留下一道永难愈合的伤口。其实，她走得很安静，很理所当然。在我们心底，认为花好月圆是幸福，生离死别是至苦。殊不知，她愿做那缕不问世事的风，来来去去，不惊动一草一木，一沙一石。

　　三毛曾说：生命不在于长短，而在于是否痛快地活过。三毛的一生，与寻常女子相比，自是离奇惊世许多。一直以来，她都忽视生命的长短，在意灵魂的重量。她不甘愿做一个平凡的女人，守着一座长满青苔的院落，相夫教子。她渴望自由，愿自己若沙砾一般，可以飘飞到每一个被人遗忘的角落。

"我是一个像空气一样自由的人，妨碍我心灵自由的时候，绝不妥协。"这就是三毛，一个率性而坚定的女子，她活得真实又生动，孤独又饱满。她把自己交给远方，交给沙漠，因为她相信，那里有别样的风景将之等待。

幸运的是，曾有人携手，陪她走过风尘飞扬的沙漠。在那片荒凉的土地上，他们经受风霜，尝历苦楚，也种植生命。正是因为那几年的沙漠之旅，三毛的人生，三毛的故事，变得更加神秘莫测，扑朔迷离。

一去经年，尽管许多人与三毛曾并肩行走在这尘世，然而，如今我们亦无处将她寻找。她属于沙漠，属于漂泊。喜爱三毛的人很多，向往自由的人亦很多，但真正又有多少人，愿意穿越那片茫茫沙漠，与她相逢？

纸上相逢。是的，不过是纸上相逢罢了。三毛的文集，至今仍被千万读者深情热捧。无论是《撒哈拉的故事》，还是《万水千山走遍》，又或是《梦里花落知多少》，都真实地记载了她走过的路程。一字一情深，一句一生涯。

每个来到红尘的人，都有一个相守的知己。守候三毛的，则是一个异国男子，他叫荷西。何其有幸，在她行走天涯之时，是这个男子，真心相伴，风雨同行。又何其不幸，待她过尽万水千山之后，亦是这个男子，离她远去，阴阳两隔。

他们曾用六年的时间错过，又用七年的时间相爱相倚，再用一生的时间别离。在认识荷西之前，三毛背着行囊独自流浪，淡看离合，不语悲欢。在认识荷西之后，她毅然闯入撒哈拉，视沙漠为她的城池，不惧浮沉，不言沧桑。

这期间，尽管三毛也曾邂逅许多没来由的缘分，甚至有触手可及的幸福，有两情相悦的机缘，但终不被时间成全，与之擦肩。都说，弱水三千，只取一瓢饮。荷西就是沧海里的一瓢净水，是岩石里的一株青草，千帆里的一叶兰舟。他让她相信，人生该有一场彻底的真爱，才不枉白来。

但爱情终究不是三毛的归宿，她一生最执着、最尊贵的一件事，便是流浪。所以，当三毛遭遇命运残酷的洗劫，失去荷西的时候，她依旧背负着盛世的孤单，继续行走。她相信，世事总会有了断，无论圆满或缺憾，都要且行且珍惜。

来者自来，去者自去。三毛与荷西被迫永诀，荷西的死太过仓促，三毛来不及躲闪，就被利剑伤到无以复加。那一段时期，三毛每日每夜做着一个不肯消停的梦，就是与荷西死别。无数次她从梦里哭醒，痛入肺腑，不敢呼吸。

她假装忘记，故作坚强。破碎的三毛以一种残缺的美，独自行走。无论你是否听过她的故事，知晓她的遭遇，只要打她身边经过，一定可以看到她脸上的沧桑，心底的伤痕。这个叫三毛的女子，她就这样带着伤感的粗粝，带着遗世的孤独，一个人徒步，一个人流浪，一个人天涯。

只是，她被时间削减了许多，许多。这个原本就不惊艳的女子，经历了生死离别、疾病缠身，以及神情错乱之后，已是秋水苍颜。可她不在乎，她的使命是流浪，是放逐。哪怕没有喧哗的掌声，没有赞赏的目光，她仍然坚韧而洒脱。

三毛并非是从江南雨巷走来的女子，她不需要柔软，不需要矜持，亦不需要诺言。她曾问：踮起脚尖，我们就能离幸福更近一点吗？不，当然不是，幸福是一缕缥缈的风，是一团迷离的雾，你靠得越近，就离得越远。幸福，只给予那些随遇而安，饮食烟火的人。三毛这一生，都在做梦，都在风沙中行走，邂逅种种离奇的故事。那些平凡简单的幸福，又如何能够与她不期而遇？

昨天沧海，已是今日桑田。当她结束了放逐，回到台北，三毛这个名字不再沉寂。她把多年来的心路历程，写成文字，换来许多敬仰的眼神、温暖的感动。平静下来，她的内心更加清醒。正是因为清醒，三毛才会将红尘看破，视繁华为落寞。

直到后来，三毛再次经历了一段惊世骇俗的相遇。她爱上了比她年长几十岁的民歌大师王洛宾。也许是王洛宾散发出的艺术魅力将其感染和吸引，总之三毛就是爱了，爱了这个已是黄昏的老者。有人说，三毛是想用一段特别的爱恋，来暂时忘记她与荷西执手相看的昨天。也有人说，三毛就是三毛，她的人生，注定了惊心动魄，不同凡响。

我不以为然。在爱情面前，所有的猜想，所有的预测，都不足为信。爱情不需要缘由，亦无须给任何人交代，我们可以不去祝福，但一定要懂得尊重。三毛毫不隐瞒自己的情感，她说王洛宾是她生活的拐杖，她需要拄着这根拐杖，走过未来的独木小桥。只是三毛没能如愿以偿，王洛宾终究还是让她失去了这根拐杖。

不是所有的船只，都会有停留的渡口，即便是有，也需要在预定的时间，在相约的地点。此时的三毛，已是一叶倦舟，漂泊到无人收留的地步。也正是因为这段无果的爱，让她再次清醒地明白，有些爱，可以深沉，却不能拥有；有些人，可以代替，却不能忘记。

她的世界，已是千山鸟飞绝，万径人踪灭。我以为，飘零半世，看惯聚散的三毛，会选择平淡安稳地活着。我错了。她从来就不能接受寻常而薄弱的光阴，不能安于淡泊的现状。她懂得宽恕别人，却不能宽恕自己。我以为，她可以凭借过往的风尘岁月、铭心刻骨的爱情，骄傲孤独地活着。但她没有。

三毛死了，死于自杀。意料之外，也是意料之内的事。这样的女子，谁也无法刻意给她一个完美的结果，又或者说，谁也不能替她做任何的安排。她的死，其实不是一个谜，是我们的不舍，牵绊了她太多。

掩上人生这部冷暖长卷，不诉离殇。唯有死，才可以安枕修行，与岁月同眠。不然，将来千山暮雪，万里征程，让她如何还能独自走下去。不然，让她如何忘记自己，在别人的戏里，重新演绎开始和结局。

河山冷，岁月静。无论你是否留恋，是否惋惜，她已经一去不回。这个女子，于尘世，也只是一个哀伤寂寞的过客。她以高挑的身材，披散的长发，粗犷的个性，行走在荒凉的沙漠。

她是一个人流浪，一个人天涯。

初落山城

> 她一生，行走红尘，孤独遗世。她的到来，只为在人间洒脱走一遭。乱世也好，盛世也罢，都无关紧要。

芦花似雪，秋水长天。由来知道，世间万物，皆有灵性。草木山石的情感，比起人类，似乎更执着，更慈悲，也更长情。尽管生长于谦卑的角落，但它们安于平淡，懂得感恩。

浮生若梦，一梦千寻。自出生的那一天开始，我们就一直在寻找。于风景中寻故事，在文字里寻光阴，又或者说在流年中寻归宿。原本漫长冗杂的一生，就那么倏然而过，余下的日子，寥寥无几。到后来，竟忘了来到人间的初衷，忘了前世今生的约定。

古人云："天下熙熙，皆为利来；天下攘攘，皆为利往。"人只有彻底清醒了悟，才能放下执念，抛散名利，从而遇见真实的自己。这个过程，如同蝶的蜕变，花的开合，梦的醒转。但总有一些人，愿和草木同修持，与流云做知己，和沙砾共生死。他们的一生，与名利无多少关系，甚至忽略了情爱，但活得真，活得值。

三毛便是这样的女子。她一生，行走红尘，孤独遗世。她的到来，只为在人间洒脱走一遭。乱世也好，盛世也罢，都无关紧要。

七十多年前的一个烟花三月天，三毛出生于重庆。这个地方被称为山城，也叫雾都。三月的重庆，虽不及江南那般姹紫嫣红皆开遍，亦是莺飞草长柳浓时。但烽火连天的战乱，将柔软的春意彻底粉碎。那时的中国，被日本侵略，三毛的父母为了避难，从上海迁徙到重庆。

三毛原名陈懋平。"懋"是家谱上属于她那一代的排行，而"平"则是其父亲陈嗣庆期望世界再也没有战争，给这孩子赋予了"和平"的期许。然而，世上任何一场战争，不会因为一个名字、一个期许而结束。

后来，三毛初学写字，无论如何也写不出那个"懋"字。她干脆直接省略掉，给自己改名陈平。那一年，她三岁。一个幼龄女孩，用她的早慧，来告知世人，她的人生自己做主。三毛更改的不只是一个名字，而是她的未来，她传奇而不可复制的人生。

"三毛"这个名字则是她年岁稍长时所取的笔名。这个女孩从小性格就独立、冷淡、执拗而不合群。正是如此孤僻、敏感的个性，使得她长大后，有足够的勇气和决心，走遍万水千山，无惧风雨飘摇。

"因为上帝恒久不变的大爱，我就能学习着去爱每一个人，每一个世上的一草一木一沙。"之前，总觉得三毛放逐，是为了单纯的自由和人生历练。当我读到这句，恍然明白，她的行走，是因为对自然的崇敬，因无言的大爱，因对草木的悲悯。

三毛闯荡江湖，冥冥中似乎有些由来。她的祖父陈宗绪，十四岁时，从浙江舟山定海县（今定海区）一个偏僻的陈家村出来，孤身闯荡上海滩。这位清贫少年只随身携带一床棉被、几件薄衫，着一双布鞋，却从一个小学徒，做到后来拥有几项产业的大富商。从单薄到厚重，其间的努力与艰辛，若非亲历，自是不能理解。

如鱼饮水，冷暖自知。家财万贯的富商陈宗绪，晚年时候，返回故里。用一生所挣的钱财，建医院，盖学校，修桥铺路。只给自己留下少许积蓄，在庙里度过余生。三毛对祖父的乐善好施十分敬重。

多年以后，三毛有机会回到原乡，在祖父坟前恭敬地叩首磕头。而那本《陈氏永春堂宗谱》，也成为三毛用来回忆陈氏家族的唯一信物。无论她去过多少地方，走得有多远，只要返家，总不忘翻翻这本承载历史与温情的家谱。

落叶归根。故土，对一枚落叶而言尚且眷念不舍，更何况是漂泊在外的游子。三毛，一个看似无情潇洒的天涯客，又何曾真正放下？她的行走，不过是为了另一种重生。她甚至说过："后来，我有一度变成了一个不相信爱情的女人，于是我走了，走到沙漠里头去，也不是去找爱情，我想大概是去寻找一种前世的乡愁吧。"

三毛的祖父陈宗绪生有二子，长子陈汉清、次子陈嗣庆。兄弟二人都是执业律师，手足情深。多少年来，这个大家庭始终团聚在一起，热闹温馨，不曾分离。三毛自小称呼大伯母为妈妈，而称自己的母亲为姆妈。

父亲陈嗣庆出生于上海，复旦大学法律系毕业。他一生虽然长时间伏案工作，最大的理想却是成为一个运动员。而母亲缪进兰是一位上过洋学堂的现代女性，活泼爽朗。她十九岁高中毕业时结识了陈嗣庆，放弃了到上海沪江大学新闻系就读的机会，嫁为人妇。

陈嗣庆婚后不久，只身去了重庆，与怀孕的妻子暂别。长女陈田心出生后，缪进兰孤身一人，在战乱中，怀抱初生婴儿，从上海辗转到重庆。母亲的这段不凡历程，给后来三毛浪迹天涯增添了莫大的勇气。而三毛姊弟们，小时候总不厌其烦地听这段故事。

三毛的双亲正派而忠厚，这对夫妇一生执手，相濡以沫。他们以宽容和宠爱，来教育和谅解孩子。在那个原本拘谨的时代，三毛的母亲给了她难能可贵的自由。所以，三毛是幸福的，以她的个性，倘若得不到父母的体谅，必然会形成更严重的逆反心理。

姊弟中，唯独三毛从小身体瘦弱，性情独立、孤傲。在父母眼中，三毛是个敏感而叛逆的孩子。她聪慧，亦怪癖。她自傲，亦自卑。她善良，亦冷漠。在她的身上，有着一种与生俱来的野性与孤僻。而这种气质，不同于父母，亦不同于她的姊弟。

三毛的母亲缪进兰回忆女儿的童年，曾说道："三毛，不足月的孩子，从小便显得精灵、倔强、任性。话虽不多，却喜欢发问。喜欢书本、农作物，不爱洋娃娃、新衣裳。可以不哭不闹，默默独处。不允许同伴捏蚂蚁。苹果挂在树上，她问：是不是很痛苦？"

这个孤僻的小女孩，不屑于玩女孩子的游戏，也不跟别的孩子嬉戏。她喜欢独处，喜欢在荒芜的坟地，一个人玩泥巴。对于过年过节时杀猪宰羊的场面，她十分感兴趣，总是不动声色地看完整个宰杀的过程。当然，这并不意味着她喜欢残酷，而是小小年纪便懂得了生命的无奈与悲剧。

从未知的世界来，到未知的世界去。无论是人还是动物，对于生死的安排，都做不得主。像三毛这样不与世群的女孩，必定千百次质问过生命的由来。但我们知道，她尊重生命，亦热爱生活。否则，她不会将自己抛掷到荒寒角落，不会把文字写得那么真。

三毛曾说过，从她的眼睛看过去，每件事都是故事。她所写的文字，都是身边所发生之事。她的作品无须杜撰，因为生活给了她取之不尽的题材。这个不肯接受传统束缚的女子，以她的敏锐和文采，写尽了人世悲欢。在她眼里，原本寻常的事物，有了千万种惊奇的理由。

父亲陈嗣庆在《我家老二——三小姐》一文中，写了三毛这样一件事："在重庆，每一家的大水缸都埋在厨房地里，我们不许小孩靠近水缸，三毛偏偏绝不听话。有一天大人在吃饭，突然听到打水的声音激烈，三毛当时不在桌上。等到我们冲到水缸边去时，发现三毛头朝下，脚在水面上拼命打水。水缸很深，这个小孩子居然用双手撑在缸底，好使她高一点，这样小脚才可打到水面出声。当我们把她提着揪出来时，她也不哭，她说：'感谢耶稣基督。'然后吐一口水出来。"

此后，三毛的小意外不断发生，每一次，她都以自己的方式化解。她独特超脱的个性，别出心裁的想法，以及突如其来的决定，就这么伴随了她一生。其实，她不是一个愤世的女子，对于世间万象，她都觉得很美好，很自然。可偏生是这样随意的个性，让三毛不能融入大众，被迫离开人群，远走他乡。

三毛是独立的，她的心总是不踏实。她不能循规蹈矩，不肯随波逐流，因此她这一生注定了放逐流浪。从山城重庆搬离至古都金陵，再漂洋到台湾。这几次迁徙，是跟随父母家人，之后的万水千山，皆是一人独行。

那短暂的，还不能留下深刻记忆的童年，一半封锁在重庆，另一半装入她的行囊，到了金陵。幼小的三毛，尚不知迁徙是为什么，离别是何滋味。当她登上渡船，看着滔滔嘉陵江水，没想过此生将不再归来。

这个雾都，被巍峨的群山环绕，直到分别的那一刻，也无法让人真正看清它的容颜。

金陵春梦

> 她知道，这世上没有无缘的爱。她爱上
> 流浪，是因为她的心，渴望真正的停留。

金陵，六朝古都。这座城仿佛在任何时候，任何季节都弥漫着浓郁的脂粉味。这是一座温柔而富贵的城，无论是来过的人，还是在书卷里相逢的人，都陷入了一场金陵的春梦里，难以醒转。

"商女不知亡国恨，隔江犹唱《后庭花》。"秦淮画舫依

旧，桨声灯影依旧，丝竹清音依旧，只是那些高唱《后庭花》的
秦淮歌女，不知去了哪里。多少王侯将相脱下征袍，丢下山河，
可这座城因为那么多的乱世佳人，而有了风骨，有了血性。

在三毛出生的两年后，日本政府正式签署投降书，宣布无条
件投降。陈汉清、陈嗣庆兄弟带着全家，从重庆搬到南京。这份
和平是用千万中国人的生命和鲜血换取的，且与当初陈嗣庆为三
毛取的陈懋平之名有着某种美丽的巧合。

或许三毛不是和平使者，可她的出现与存在，分明预测了将
来的不同凡响。她不惊世，不倾城，只是用一生的时光，孤独行
走。一路捡拾，一路珍藏，用她的笔，记下了许多平凡人一世都
无法体验的经历。所以，许多人捧读三毛的作品，就再也走不出
来了。她们读的并非是三毛的文字，而是她的历程，她的感悟，
她的人生。

是如何来到这座六朝金粉之都的，幼小的三毛已经没有多少
印象。关于乌衣巷、秦淮河、桃叶渡、桃花扇，以及许多金陵
往事，三毛都是后来从书中得知的。包括她一生至爱的《红楼
梦》，里边杜撰的金陵十二钗，亦是出自花柳繁华地，温柔富贵
乡的古都。

我始终相信，年仅三岁的三毛，来到南京，会有一种似曾相识的感觉。她的性灵，足以懂得山水的魂魄，草木的愁肠。但这些都不能改变三毛与生俱来的孤僻个性。她一如既往地独特，叛逆。以至于后来，在三毛身上完全没有感染到金陵女孩的脂粉味，倒沾染了一些李香君血溅桃花扇的坚韧与气节。

有些记忆被时光湮没，交还给了岁月。有些故事被季节遗忘，预支给了流年。三毛留在南京的记忆，尽管寥寥无几，但那些童年的零散片段弥足珍贵。每个人的童年，都是一张洁白无瑕的画纸，我们可以随意在这张纸上涂抹色彩。任何绚丽的颜色，凌乱的划痕，都不影响它的纯真与美好。

三毛随父母住进了南京鼓楼头条巷四号，一栋宽敞的西式宅院。在这个大家庭里，三毛依旧过着她小公主般的安逸生活。和在重庆不同的是，她除了以往那些玩耍的方式，还有了新的玩伴和想法。当然，她出的小意外，也更加频繁和奇特。

南京宽敞的宅院，给了三毛足够的玩耍空间。那时候，三毛的哥哥、姐姐都上学了，陪伴她的是一个叫兰瑛的女工人。兰瑛是从外地逃荒来的妇人，陈家看门的老仆人与她相识，故收留了她。同时，还收留了她的小孩，叫马蹄子。

但三毛很不喜欢马蹄子，他不仅爱哭，还长了个瘌痢头，看上去又脏又丑。每次趁着兰瑛走开，三毛就独自逃开，丢下一堆玩具给马蹄子，免得他随在身边，令人烦心。幼小的三毛不肯勉强、为难自己，她需要绝对的自由，绝对的放纵。

这座宅院最吸引三毛的地方，就是二楼那间书舍。这间书舍引领三毛走进了文字的世界，让她感受到文字的辽阔与奇妙。人和人的缘分，有时只是一个瞬间；人和物的缘分，往往可以维系一辈子。三毛和文字就这么结下了不解之缘，文字令她一生如醉如痴。

这个执着的女子，把一生托付给了远行和文字，连同青春和爱情，都埋葬在那些无声的岁月里。但她无悔。她知道，这世上没有无缘的爱。她爱上流浪，是因为她的心，渴望真正的停留。尽管世间每一个角落，都只是驿站。她痴迷文字，是因为在字里可以抓住许多柔软的片段，看见真实的自我。

很难想象，那时候的三毛，年仅三岁。一个三岁孩童，不去和同伴玩捉迷藏，不去院子里荡秋千，偏生喜爱钻进书堆里，和那些不相识的文字，做了朋友。三毛就是这样一个小另类。每天，她临着书舍的大窗，对着窗外的梧桐，和清风一起识字。

其实，三毛是先看书，后认字的。小小的她，每次走到书舍，就找寻一些图画书。在这里，三毛初次接触了张乐平的《三毛流浪记》《三毛从军记》。尽管她不知道文字背后有那么深刻的寄寓，但她从图画中，可以读懂主人公的喜怒哀乐，也学会了和书里的人物同喜同悲，同笑同啼。

那时候，三毛不过是浩瀚书海里的一粒浪花，微不足道。但她沉迷在这条叫作文字的河流里，不能自持。从尚不知人事的童年，到多梦多愁的少年，直至饱经沧桑的中年，她再也没能走出来。其间，看过多少风景，尝过多少世味，又历尽多少浮沉，只有她自己懂得。

三毛把最稚嫩，也最纯真的光阴交给了南京鼓楼的宅院。长大以后，她曾跟父亲谈起那段读书经历。陈嗣庆不相信三毛有如此过人的记忆，毕竟那时她还太小，所识的字也是屈指可数。可三毛坚持她的记忆，关于《格林童话》《安徒生童话》《木偶奇遇记》和《爱丽丝漫游仙境》等许多童话故事，她都是在来台湾之前读过的。

所谓天才，当是如此。造物者，总是给那些聪颖之人，赋予
超凡的灵性。但也因他们的慧心，结下许多无由的愁烦与莫名的
疼痛。他们的人生，在冥冥之中，被某种力量所左右。而这些人
时常会有超出凡人的心灵感应。他们有时候像预言家，不经意的
话语就道出了生活的哲理，情感的妙谛。一些看似简单的文字，
浅显的表达，却足以明心见性。

三毛恰是这样的女子，过早地聪慧，过早地成熟，也过早地
清醒。但伴随她的，更多的是那些让人难以意料的想法和选择。
在世人心里，三毛仿佛只有一个模样，披着长发，背着行囊，在
沙漠中踽踽独行。带着一丝野性，一点粗犷，一份感伤。她似乎
又变幻万千，没有人可以真正走进她的世界，也没有谁知道，下
一站她又将去哪里。

三毛以后的人生，似乎与南京这座城再无瓜葛。她的身上永
远都弥漫着尘埃的气息，没有水的柔情，没有脂粉的香味。但她
在这里真实地存在过，饮过秦淮河水，捡拾过旧梦前生。这段金
陵往事，淡淡地萦绕了她梦里的情怀，梦外的期待。

偶然想起三毛的一篇文章，叫《拾荒梦》。她说自己虽然是抗战末期出生的"战争儿童"，可是在父母的爱护下，一向温饱过甚，从来不知物质的缺乏是什么滋味。就是这样一个女孩，从三岁起，便开始了她的拾荒生涯，并且这"拾荒"陪伴了她一生的旅程，不曾离弃。许多被人遗落的旧物，都是世人丢失的梦。有的被人拾起，暗自珍藏。有的抛散天涯，不知下落。

三毛说，拾荒人眼底的垃圾场，是一块世界上最妩媚的花园。的确，这世间看似荒芜空旷的角落，其实蕴藏了更多大自然馈赠的礼物。那些被掩埋的历史文明、传说故事，往往隐匿在渺若微尘的物件中。只是在繁华中穿行的你我，忽略了太多。

三毛还说，等有一天她老了，要写一本书。在这本书里，将这一生，从童年到老年所捡的东西，都写上去。这就是三毛，一个执着的女子，锲而不舍地流浪，乐此不疲地拾荒。

童年的三毛，知道金陵不会是她的归宿。只是不承想，走得那么急。还来不及赏阅金陵古都的余韵，就匆匆道别。她的梦，从来都在远方。

你看，秦淮河畔的画舫上，总是有人在忙碌地打捞。这座六朝金粉之都，曾几何时，已经更换当年的模样。不知道那些人还能打捞到些什么，是红粉佳人遗落的金簪银钗，还是风流才子丢失的玉佩折扇。

或者什么都不是，只是一大段永远也打捞不回的光阴，垂钓不回的年华。

结缘文字

人生得失并存，你拥有了清风，就要交还明月。时光不会逆转，一旦选择了，就没有回头。

秋色阑珊的午后，焚香、听曲、喝茶、读书。这样闲逸的日子，对许多人来说，仿佛是一种奢侈。时光匆流，山河更改，有时候，静坐比忙碌要收获更多。生命如同一盏茶的过程，这盏茶可以喝一个时辰，可以饮一天、一月、一年，也可以品一生。

世上的人，各有其喜爱，有人爱草木，有人爱玉石，有人爱山水，也有人爱书卷。总感觉每个人前世都有一种结缘的旧物。所以今生令你痴迷的东西，必定是前世和你有一段不了情。

我们只知道三毛背着行囊浪迹天涯的情景，而遗忘了她在无数个清凉月夜孤影伏案的模样。如果说远行是三毛耗尽一生也要圆的梦，而文字与她定然是缘系三生。其间的妙处与韵味，唯有真正品过的人，方可深知。

三毛对从南京迁徙到台湾的事印象不深。只记得有一天，她和姐姐在南京家中嬉闹，父亲从外面回来，给了她们一沓的金圆券玩。那时通货膨胀，金钱贬值，钱币失去了它往日的魅力。正当两个孩子玩得高兴时，家中老仆流泪说，就要逃难到台湾去了。

那个年代，真正的和平与安稳，仿佛遥不可及。抗战结束，内战炮火又掀起。滔滔长江水，无法洗净尘土飞扬的天空。在战争面前，人的力量永远都是那么软弱，那么渺小。当你无力制止它的发生，只好选择一种适合自己的方式生存。草木山石尚有迁徙之时，人自当学会随遇而安。

从重庆到南京，再经上海，远渡台湾。三毛的童年是那个时代之人的缩影。尽管多次迁徙，颠沛流离，她却是幸运的。她与张乐平笔下的那个流浪孩子，实乃天渊之别。三毛生长在知识分子家庭，虽算不上富庶，却温饱有余。所以她的流浪，是精神上的流浪，是对梦想的追求。

六岁的三毛刚来到台湾，就被母亲送进台北一所小学读书。这对喜爱读书的三毛来说，应该算是一件值得欣喜之事。然而，当她真正捧读国文课本时，才发觉课文里的内容太过浅显。这个原本就聪慧的女孩，加之有了在南京鼓楼的那段读书基础，自是比寻常孩子阅读能力强，悟性高。

敏感孤僻、早熟叛逆的三毛，不能满足于老师在课堂上所讲的内容。她开始进行大量课外阅读，并视读书为那段生活的主题。除了家里订阅的杂志，三毛还翻读父亲和堂兄的书橱。在这里，她邂逅了鲁迅、巴金、茅盾、老舍、郁达夫、冰心等名人。无数次捧读他们的作品，优美的文辞、真挚的情感、丰富的故事，令她感动不已。

当三毛把家里的藏书翻遍后，便想方设法去邻近的租书店里阅读。她把母亲给的所有零用钱都花在租书上，连同她的光阴，也托付给了文字。她失去了许多小女孩该有的快乐与单纯，收获了忧愁和成熟。人生得失并存，你拥有了清风，就要交还明月。时光不会逆转，一旦选择了，就没有回头。

三毛，一叶小小孤舟，放逐江海，任自沉浮。那堆积如山的作品，无论是读得懂的，还是一知半解的，她都甘之如饴。如《简·爱》《呼啸山庄》《飘》等深奥的西方名著，她亦不错过。很难想象，对许多人来说，那些枯涩难懂的文字，于一个小女孩却有如此大的吸引力。而她的执着，与将来山水迢遥的行走和年深月久的写作，两者之间有着莫大的因果。

这种情怀，背负了，就是一生。当我们还在原地为她叹息时，她已经走得很远。没有人提醒她，爱上了文字，就如同爱上了孤独与冷落。纵是告诫，也更改不了她的初衷。人和人当真是不同，有人愿和文字相伴结缘，至死不弃，有人只愿做个凡人，粗茶淡饭，安度流年。

在三毛大量阅读期间，还有一段关于爱情的小插曲。这一年，三毛读四年级，为欢送学校六年级的毕业生，她参加排演了一幕《牛伯伯打游击》的话剧。三毛扮演匪兵乙，有一个男生扮演匪兵甲，他们之间因此有了几次近距离的接触。情窦初开的三毛，对匪兵甲产生了一种神秘又朦胧的爱意。

后来，三毛回忆起匪兵甲，有这么一段印象："只记得他顶着一个凸凸凹凹的大光头，显然仔仔细细被剃头刀剃得发亮的头颅。布幔后面的他，总也有一圈淡青色的微光在顶上时隐时现。"

这虽算不上是三毛的初恋，也不是真正意义的爱情，却是一个十岁少女最纯情的爱。看似风轻云淡的单恋，却在三毛的心底若即若离地住了两年。直到小学毕业后，彼此各奔东西，失去音信，三毛才渐渐将他淡忘。

《红楼梦》是三毛一生的灵物，三毛对它可谓一往情深。《红楼梦》这本容纳了人生百相的文学巨著，令无数文人墨客甚至寻常布衣，魂牵梦萦，百转千回。每个人心中，都有一部《红楼梦》，都有一段旧誓前盟。这种爱不分贵贱，不论长幼，只是浓淡有致，深浅不一罢了。

三毛初次了悟红楼，是在五年级的时候。课堂上，三毛把《红楼梦》藏于裙子下，悄悄地读。翻阅到第一百二十回"甄士隐详说太虚情，贾雨村归结红楼梦"，她有文字记下说："当我初念到宝玉失踪，贾政泊舟在客地，当时，天下着茫茫的大雪，贾政写家书，正想到宝玉，突然见到岸边雪地上一个披猩猩大红鼋、光着头、赤着脚的人向他倒身大拜下去，贾政连忙站起身来要回礼，再一看，那人双手合十，面上似悲似喜，不正是宝玉吗？这时候突然上来了一僧一道，挟着宝玉高歌而去——'我所居兮，青埂之峰；我所游兮，鸿蒙太空；谁与我游兮，吾谁与从？渺渺茫茫兮，归彼大荒！'

"当我看完这一段时，我抬起头来，愣愣地望着前方同学的背，我呆在那儿，忘了身在何处，心里的滋味，已不是流泪和感动所能形容，我痴痴地坐着、痴痴地听着，好似老师在很远的地方叫着我的名字，可是我竟没有回答她。"

老师没有批评她，反而关切地问她，是否有哪儿不舒服。她默默无语，对老师恍惚一笑，就是这一笑，刹那间，让她顿悟。她说，什么叫作境界，终于懂了。其实，三毛所说的境界，也是只可意会，不可言传。悟由心生，那一刻，她读懂了天地苍茫，人之渺小；读懂了富贵功名，皆为浮云；读懂了沧海桑田，万物归尘。

这一年，三毛十一岁。但我们亦知道，这只是瞬间的了悟，三毛的人生，才刚刚开始。以后，还有一段漫长的红尘，等着她去穿越，这些不过是书里的情节。芸芸众生需要经历百难千劫，尚求个善果，佛祖只需拈花一笑，便已超脱。

一本《红楼梦》，让三毛认定，文字的美妙和韵味是她终其一生的追求。小学毕业前夕，她的课业已经加重，但三毛抑制不住对图书的喜爱。六年级时，她还费尽心思，偷看完一整部《射雕英雄传》。之后，三毛成了金庸迷，他的每部作品，她都不曾错过。关于金庸作品里的人物性格，三毛皆如数家珍，甚至还不时写几篇读书随笔，表达她内心的万千感慨。

那段时间，读《射雕英雄传》，她常常沉溺其中，几天都醒不过来。她期待自己可以走入书本，与他们一同浪迹江湖，笑傲红尘。哪怕只做一个微不足道的小角色，也当无悔。沉默孤僻的三毛，就这般将自己封锁在虚拟的书卷里，是喜是忧，该哭该笑，她自己都辨别不清。

其实，她只是一个误入书海的女孩，在别人的故事里，忘乎所以，不知所措。该说她什么，又能说她什么。如此长情，不是一种错，可她分明典当了如水佳年，再无力更改人生的路途。以飘零为归处，无论有一天是否山穷水尽，她始信总有转角处的相逢。

　　不必起誓，无须诺言，万物此消彼长，荣枯随缘。在书卷里耕耘春秋，如流云飞逝，无影无踪。庭前几度花开花落，童年，连同那段青涩无果的爱情，都成了戏文章节。

　　就这么，演完了一折，翻过去了一页。

学堂受辱

记忆轻浅，只有在某个不经意的情境里，才会若有若无地想起。当年流水，就那样一去不回头，带走的，还有一段最美的光阴。

时光，因为隔了一程山水，就生生被分成了两岸。此岸是秋水寒烟，彼岸已是落红如雨。用一炉香的时间来回忆所有的过往，或许有些仓促，但足以让一个不经世事的女孩，长到豆蔻华年。

往事总是被人守候成至美的风景，因为走过，所以从容。而将来那些未知的际遇，不知携带了多少微风细雨，不曾邂逅，就已生出惆怅。我们总觉得，三毛是个决然坚定的女子，她内心辽阔，所以敢于行走在万里风沙之上。任凭尘屑四起，哀鸿遍野，她亦无半点退却。

竟不知在此之前，她亦是一个单薄的女子，有过长久的怯懦和踌躇。每个梦都曾背负过枷锁，每段青春都曾蕴含过苦涩。后来，三毛押上一切筹码，开始她的沙漠之旅，也是为了重新审视自己的命运。无论输赢，她都不会半途离开。这个看似苍茫荒凉的女子，内心竟也是那般柔情万种。

一切果报，皆有前因。三毛就是一个谜，想要解开这个谜，自是要追溯她的前尘过往。十二岁的三毛，以她的天资聪慧考入了台湾省立台北第一女子中学。她觉得，自己小学里几乎所有时间都用来看课外书了，获得如此成绩真的纯属意外。也许是上苍给了她特别的眷顾，她对此倒也欣然接受。

三毛初一的功课已是勉强看得过去，尽管如此，她还是不费心思在学业上。一有空余，就倾尽所有的零用钱，从租书店里把一本本古今中外著作搬回家。先是中国古典小说《水浒传》《儒林外史》《今古奇观》，后是旧俄小说《复活》《战争与和平》

《安娜·卡列尼娜》等。

从薄到厚，由浅至深，三毛对文字的渴望，仿佛永远都无法填满。一直以为，一个有才华的人是凭借与生俱来的天赋和灵性与文字相交，但我忽略了那些耕耘的日子是才思的源泉。三毛这位惊世才女，在她的文字背后，有着万千积累。

或许，每个作者对文字的理解不同，所以过程也不同。有些人是去寻找灵感，而有些人是灵感找他。我不知道三毛属于哪一种，但她的才华被许多人所认可，打动读者心肠的，更多的则是她的人生历程。

坐于文字的水岸，闲拥明月清风入怀。此时的三毛还没有淡定心闲、以诗书为梦的资格。初二那年，她因为沉迷于《孽海花》《六祖坛经》《人间词话》，第一次月考下来，有四门功课不及格。尤其是数学，那些莫名其妙的数字，竟成了三毛最大的心事。

在父母殷勤的劝告下，三毛算是勉强收了心，暂时放下课外书，追赶功课。凭着过人的记忆，三毛把各门功课都认真背了下来。因为背熟了数学习题，她居然连续考了好几次满分。她满怀喜悦，以为数学老师会对她刮目相看，却不料经受了生平第一次莫大的羞辱。

数学老师对三毛几次考试都得满分生了疑心。为求真相，她对三毛进行了一次突击考试，让三毛十分钟之内做出来自己准备好的卷子。高难度的题目，三毛一道也不会解，直接吃了个鸭蛋。而那场刻骨铭心的羞辱，就是这个鸭蛋引起的。

"在全班同学的面前，这位数学老师，拿着蘸得饱饱墨汁的毛笔，叫我立正，站在她画在地下的粉笔圈里，笑吟吟恶毒无比地说：'你爱吃鸭蛋，老师给你两个大鸭蛋。'在我的脸上，她用墨汁在我眼眶四周涂了两个大圆饼，因为墨汁太多了，它们流下来，顺着我紧紧抿住的嘴唇，渗到嘴巴里去。"

不仅如此，她还让三毛这般模样地到走廊去绕走一圈。看完三毛记录的这段文字，一时间没有丝毫想要褒贬这位老师之心，却为这个自尊骄傲的女孩深深叹息。倘若这种惩罚用在别的同学身上，或许，几天乃至一段时间也就淡忘了。但内向、叛逆的三毛，再也不能从这段耻辱的阴影里走出来。她忘不了老师对她责罚时那种难解的笑意，忘不了同学们嘲笑的眼神。

隐忍的三毛，将屈辱藏于心底，始终没有流一滴眼泪。这件事她没有告诉父母，而是如往常一样，去学校上课。可当她走进教室，看到桌椅，竟莫名地晕倒。从此，三毛患上了自闭症。这种症状，一日比一日严重。有时候，早上刚起床，想到要上学，就会瞬间晕过去，失去知觉。

她不愿道出这一切因由，又不肯再去教室上课。唯一的办法，就是逃学。那时三毛的心，已是浮尘野马，她对凡世不敢再有依赖。她渴望飘零，害怕面对熟悉的人和事。可滚滚红尘，茫茫人海，除了家，她又能逃到哪儿去？

"世上再没有比跟死人做伴更安全的事了，他们都是很温柔的人。"这是三毛说的话，让人心痛亦心酸。三毛逃学，没有选择去山水秀丽的景区，车水马龙的闹市，而是选择了去公墓。因为她觉得，死人是温柔的，他们不会说话，和他们相处，三毛觉得安心。她恐惧伤害，也不需要关怀；她怕结识敌人，亦不需要朋友。

那段羞辱已经成了一道永难愈合的伤，三毛任何时候回忆，都会疼痛难当。往后的日子，三毛在六张犁公墓、阳明山公墓、北投陈济棠先生墓园，以及市立殡仪馆附近一带的无名坟场游荡。捧着一本书，在墓地毫无顾忌地阅读，三毛觉得这是莫大的幸福。

墓地是她今生看过最冰冷，也最慈悲的地方。坟场寂静，只能听见风在私语。她仿佛可以看到，那些亡魂窥探关切的眼神。在这里，没有开始，没有结局；没有离散，也没有悲欢。她甚至想过，就在这里做一个守墓人，这一生再无须启程，再不用假装快乐。

其实墓地只是给了三毛一个暂时做梦的空间。这里又何曾真正肯将她收留。三毛知道，唯有死，才真正可以与墓地永不分离。这个偏激固执的女孩，到后来果真做过几次傻事。初次轻生，算是获救。但最后那次，她总算如愿以偿，和她所谓温柔的人，永远相处了。

三毛的逃离，让我想起幼年时一些散乱的片段。那时经常独自躲在乡村的石桥下，听流水声，和花草为伴。所不同的是，我不是为了逃学，也不是为了躲避纷乱的世事，只是喜欢那份不被人打扰的宁静。潺潺流水，可以将梦带去遥远的地方，偶尔打身边经过的云彩，亦是那么神秘而温柔。

记忆轻浅，只有在某个不经意的情境里，才会若有若无地想起。当年流水，就那样一去不回头，带走的，还有一段最美的光阴。这些年，看淡了风景，尝倦了人情，再也找不到回去的旧路。我所藏身的石桥，三毛所游荡的墓地，年年依旧在，只是谁又做了过客，谁又做了主人？

逃学的日子，虽然轻松自在，却也担惊受怕。起先旷课两三天，三毛还会去上一天的课。到后来，她一失踪就是三五天，一个多星期。她把父母给的零花钱，全都攒起来买书，墓地一片寂静，唯她独醒。

几个月过去后，学校给三毛的家里寄了一封信，她的逃课生涯就这样无声地落幕了。她不肯再去上学，把自己完全封闭起来，躲在一个人的世界里才觉得安心。她的自闭让父母觉得于心不忍，只好到学校办理休学手续。至此，三毛休学在家。

这一休，就是七年。这七年的光阴，对三毛来说，痛苦而漫长。尽管她有了自由，但她给自己的心上了一把锁。这把锁不但没人可以开启，也因时间的积累，锈迹斑斑。窗外的云，天边的月，各有等待，各有去留。只有她，像一片被季节遗失了的叶子，迷惘中，找不到年代，记不住往来。

人生恍然成了一本无字的天书，茫然如她，不知该如何注解，如何释怀。

第二卷◎为什么流浪远方

—你是锦瑟—我为流年—

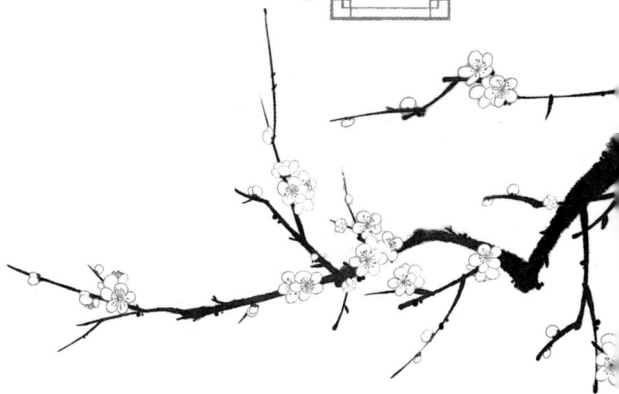

尘封心门

缘分这个词，被千万个人说过千万遍。

它古朴亦清雅，深情亦疏淡。可任何时候，

它都是那么美丽，那么恰到好处。

苏东坡曾写道："且将新火试新茶，诗酒趁年华。"多么美好的词句，只是有多少人，把珍贵的光阴煮成一壶新茶，留给自己细细品尝。一池春水一城花，一缕微风一柳斜。红尘故事，演来演去，就那么几件耐人寻味。而世间风景，一花一叶，都赏心悦目。

可三毛在最美的年华把自己尘封，恨不能与世隔绝。这种冰冷与孤绝，怪僻与敏感，持续了好几个春秋，才得以缓解。如果可以，她真的愿意在文字中，满足地死去。三毛把自己关进家里那幢日式屋子，不出门，不多言语。浮世流年，再相逢，已是万紫千红皆开遍。

"在我这个做母亲的眼中，她非常平凡，不过是我的孩子而已。三毛是个纯真的人，在她的世界里，不能忍受虚假。或许就是这点求真的个性，使她踏踏实实地活着。也许她的生活、她的遭遇不够完美，但是我们确知：她没有逃避她的命运，她勇敢地面对人生。三毛小时候极端敏感和神经质，学校的课业念到初二就不肯再去。我和她的父亲只好让她休学，负起教育她的责任。"这是三毛母亲缪进兰的话，寥寥数语，道出一个母亲的宽容与伟大。

三毛的父母用平凡的爱来理解三毛，纵容三毛。少年时足不出户，长大了背井离乡，最后满身风尘从沙漠归来，他们从不曾责备，唯有心疼。苍茫人间，有太多禁锢，世事总是与心相违。这世上，无非爱与恨，无非你和我，却为什么有那么多的惊扰和无奈？

三毛不明白，我亦不明白。她看不懂这个世界，所以把自己关起来，空对一弯冷月，一帘花雨。刚休学时，三毛被父母送进了美国学校，不几天，就学不下去了。又送去学插花，仍是无果。最后，父母为三毛请来了家庭教师，让她学习喜爱的绘画。他们并不期待她在绘画上有所作为，只希望她可以留出一小部分空间，不要将自己荒芜在那个潮湿的角落。

先跟名家黄君璧习山水，后同邵幼轩习花鸟，但成日临摹那些看似优雅却规矩的线条，让三毛觉得索然无味。纵然是泼墨的写意画，也无法让三毛尽情释放她渴望自由的灵魂。她甚至觉得，那些长短不一、井然有序的线条是用来束缚心情的茧。如果真的是茧，那她宁愿安静地回到自己的茧内，让时间继续踱步，她独自孤单停留。

后来，父亲教她背唐诗宋词，看《古文观止》，与她谈论文学和人生。每次她沉浸在诗词的意境中，恨不能回到唐宋时代，用诗换酒，用词换情，做个诗人，或是剑客，都好。可掩卷之时，又觉得千古繁华，亦不过是一场梦。那个年代的天子王侯、文人墨客、布衣百姓，都随着历史谢幕，做了戏中人物。

骤暖忽寒的红尘，总是需要一些唯美和凄凉的故事来装点。

三毛做不了那个诗经时代的女子，也不肯与唐风宋月在梦里相逢。她期待人生有更大的转变，一种焕然一新、脱胎换骨的重来。

上苍不会让这个自闭少女真正水尽山穷，在大漠孤烟的荒野，还有一个人愿意为之指点迷津。这个将三毛从心灵的匣子里拯救出来，让她愿意破茧成蝶的人，叫顾福生。

千万个人之中，如何让足不出户的三毛将他遇见，亦是有着深刻的缘分。那一日，三毛的姐姐陈田心约朋友到家里玩，其中有一对姐弟——陈缤与陈骕。几个朋友玩得兴起时，陈骕突然说，他要画一场战争给大家看。一场骑兵队与印第安人的惨烈战役，就在他笔下快速完成。

待大家去院子里游玩时，一直躲在角落的三毛悄悄拾起这张被遗弃的画。正是这张画，浓郁的色彩与强烈的画面感，触动了她心底柔软的地方。让她觉得，沉寂的生命原来还可以复活。觉得这世上，还有一种风景是为自己而生的。

后来陈骕告诉她，他学的是油画，老师是顾福生。对三毛来说，这是一个陌生而普通的名字。就是这个名字，在三毛寂静的心湖荡起涟漪。这个素日寡言的女孩，居然开口央求母亲，让顾福生收她做学生。

缪进兰听后，惊喜万分。这几年，她为自闭的女儿操碎了心。她担忧这朵含苞待放的花蕾不应节绽放，反而独自枯萎，却苦于不知如何开启她的心门，让她看到屋外那一片灿烂的阳光。如今三毛尝试走出她画好的界限，作为母亲，纵是不惜一切，也要完成她的心愿。

顾福生是顾祝同将军的二公子，将门之后，也是一位选择艺术之途，独特而执着的才子，台湾五月画会的画家。他年轻俊秀，安静可亲，是台北文艺圈知名的美男子。

顾福生的好友作家白先勇，曾这么评价过他那个时期的作品："他创造了一系列半抽象人体画。在那作画的小天地中，陈列满了一幅幅青苍色调、各种变形的人体。那么多人，总合起来，却是一个孤独，那是顾福生的'青色时期'。"

正是这样一位青春艺术家，让三毛告别了几年自闭生涯，走出那间日式老屋，重新赏阅人间春色、都市繁华。三毛在《我的三位老师》中写道："许多年过去了，半生流逝之后，才敢讲出。初见恩师的第一次，那份'惊心'，是手里提着的一大堆东西都会哗啦啦掉下地的'动魄'。如果，如果人生有什么叫作一见钟情，那一霎间，的确经历过。"

泰安街二巷二号，顾家。三毛初次走进这座深宅大院，穿过杜鹃花径，来到顾家为顾福生筑的画室。尘封了几年的三毛，有些怯懦和拘谨。但当她看见这位穿红色毛衣，年轻俊美的老师时，瞬间就舒展了眉结。这一年，三毛十六岁，顾福生二十四岁。

顾福生不同于三毛以往遇见的任何老师。他温和安静，对于三毛不上学的事以及她的自闭，都不追问。他是一个把全部心思投入创作的艺术家，他的风度让三毛一见倾心。这种喜爱无关爱情，又确实令她有种难以言状的心动。就在彼此相看的刹那，三毛认定，这位温柔的老师，可以读懂她。

缘分这个词，被千万个人说过千万遍。它古朴亦清雅，深情亦疏淡。可任何时候，它都是那么美丽，那么恰到好处。如晨起时花瓣上的雨露，如午后的一曲琴音，又似月夜里的一剪凉风。来时无语，去时无声。

三毛真正相信缘分，应该是从与顾福生的相识开始的。这个心底有着旧伤的少女，一直以来对人事万般抵触。她把自己安置在一个纯净的角落，假装听不到外面的风声雨声，这样就不会有惊扰，不会有伤害。可三毛喜欢和顾福生相处，因为他的宽容与尊重，让她可以安心做自己。

三毛给自己取了一个英文名字——Echo。Echo，意译为"回声"——希腊神话中恋着水仙花又不能告诉他的那个山泽女神的名字。三毛以Echo为名，表达着一个少女内心的自恋与哀怨。

后来，三毛在一幅临摹老师的画作上，签下了这个名字。三毛苦学了几个月，所作的画，并没有多少进步，也看不出她在绘画上有何天赋。顾福生却依旧温和耐心相待，给她关爱和鼓励。这让骄傲的三毛越发感到自卑，她甚至想过，重新躲回自己的茧内。至少那样就没有人看到她的一无是处，或许她就安全了。

正当三毛心灰意冷时，顾福生又给她点亮了一盏不灭的心灯。三毛此生不忘，是谁把她从滔滔江心，带至杨柳依依的河畔，又是谁为她在荒无人烟的山谷，找到一间遮身的茅屋。后来，三毛与艺术结下那么深刻的爱，都是归于顾福生当年给她的启发和感动。

顾福生深知，三毛的才华不在于绘画。在她小小心灵的深处，似乎与文字有着更加深刻难解的情结。这世上，每个人都有属于自己的一片风景，一段使命。顾福生为画而生，那三毛该是为文字而活。但红尘路上，总有许多转弯的地方，需要别人的指引。梦想虽美，有时候，亦需要别人来成全。

有一天，顾福生微笑着递给三毛一本《笔汇》合订本，还有几本《现代文学》杂志。这几本书刊，是当时台湾最优秀的文艺青年热爱的读物，与三毛读过的中国古典小说和旧俄名著可谓大相径庭。这份浓郁又清新的现代之风，吹彻三毛锈蚀多年的心灵，让她感受到前所未有的震撼与惊奇，欣喜和感动。

在真正的沧桑还没有尝历之时，她要做那枚背叛安静的绿叶，和春风一起飞翔。用文字果腹，以光阴下酒，在湛湛日光下，抒写一段盛世年华。

顾不了许多，与时光携手而行，该是一往无悔。

破茧成蝶

所有的情缘，从年少时开始，最美。到后来，真心要么输给了生活，要么交给了岁月。可是我们回不到从前，就像落花回不了枝头，流光回不到昨天。

有人活着，是为了完成前世未了的故事。有人活着，是为了过尽细水长流的日子。有人活在过去，有人活在将来，被忽略的总是今天。所有的情缘，从年少时开始，最美。到后来，真心要么输给了生活，要么交给了岁月。可是我们回不到从前，就像落花回不了枝头，流光回不到昨天。

三毛是幸运的，尽管她荒废了几年最美的光阴，但她的文学梦是在少年时起程的，并且这个梦陪着她餐风饮露，维系一生。自从读完顾福生给她的杂志，三毛仿佛重新回到了人间。看了那些现代作品，她发觉这世上原来也会有相似的情怀，重叠的心事。

以前是她坐井观天，她以为独特的个性、跳跃的思想，总为人所不能理解。如今，她在时尚新潮的刊物中，读到了与灵魂亲近的心情和故事。后来，三毛的话多了，她不再是以前那个怯懦寡言的少女了。有时候，见到顾福生，她会情不自禁地讲出内心的惊喜和感动。而顾福生每次都耐心地听她说话，微笑中带有欣赏和鼓励。

于是，那些淡烟细雨的早晨，长风斜过的午后，月明星稀的晚上，三毛总会有随性即发的灵感。她临窗静坐，案几上堆满了写了又改，改了又写的书稿。多年来，三毛饱读古今中外名著，真正落笔成文的篇章却并不多。是那几本现代刊物，真正打开她固执的心窗。让她明白，痴爱文字不是一桩异想天开的事。

一段时间后，三毛交给顾福生她的第一份稿件。在她心底，已认定老师为知己，在老师面前，她可以藏起内心的自卑。直到有一天，三毛去画室上课时，顾福生突然对她说："你的稿件在白先勇那儿，《现代文学》月刊，同意吗？"

一句轻描淡写的话语，落在三毛心底，波涛惊起。"第一次的作品，很难得了，下个月刊出来。"顾福生的话语依旧那么清淡，清淡到三毛几乎要停止她内心泛滥的感触。但这突如其来的肯定，令这个自闭了几年、对外界的春去秋来全然不知的女子，这个沉默不语、没有颜色的女子，欣喜到难以自持。

接近一个月的等待，让她恍若隔了几世。三毛从画室捧着那册《现代文学》跑回家，对父母发出那声来自灵魂的呐喊："我写的，变成铅字了，你们看，我的名字在上面——"平日里寡言不语的三毛，此刻欣喜若狂。

父母捧读杂志，忍不住热泪盈眶。这个一直让他们担忧的二女儿，总算寻找到了属于她自己的那片天空。她不是那个自闭甚至低能的孩子，她有才华，甚至可以超越许多同龄孩子。

一篇叫《惑》的文章，改变了三毛一生的命运。倘若得不到肯定，自卑的三毛或许又会关起小屋，不问春秋。多年以后，《现代文学》的主编白先勇，为自己发掘了一个才情横溢的作家深感欣慰。他用独到的眼光，来欣赏、认可了一个少女的处女作。

他回忆起三毛这篇作品，觉得文字虽显稚嫩，却有一种逼人的灵气。正是这种灵气与创新将他打动，才有了后来三毛漫长的文学之旅。

白先勇和三毛是邻居。那时候，三毛已经开始尝试着走出那幢日式小屋，看外面的天光云影，人来人往。黄昏时候，她几度遇见白先勇，在空寂的斜阳荒草边漫步。三毛对这位风度翩翩的才子充满了感激和钦佩，但总是羞涩地转身躲开。不是她矜持，而是她觉得自己还缺乏内涵。

这个孤独如雁、寂寞如蝶的女孩，把自己隐藏得太深，以至于甚至忘记了该如何对人微笑。她仅有的朋友就是老师和她的书，还有偶尔打她窗台爬过的虫蚁。后来，顾福生见三毛一改往日的孤冷，便递给她一个地址。

陈秀美，一个美丽的名字，笔名陈若曦，作家。白先勇的女同学，也是三毛日后的朋友。后来，是这个女孩让三毛成了文化学院（一九八〇年更名为文化大学）第二届选读生。三毛，一个浪费了七年光阴的少女，总算得以重返校园。但此时的三毛，虽然愿意和春风相识，却依旧没有走出那个漫长而潮湿的雨季。

顾家有四个如花似玉的女儿，素日里三毛学画，总能听到她们甜美的笑声。有那么一个黄昏，三毛提了画箱从画室走出来，恰好这四个女孩要出门。就这么一次擦肩，那惊鸿的背影，让三毛觉得自己原来是这么平凡。她们的绚丽与她的黯淡，是两岸不同的灯火。

原来尘封得太久，到了该装扮自己的年龄都忘记了。一向自视美丽的三毛，躲在她一个人的世界里，从没有人来与她比较。这红尘实在有太多的诱惑，哪怕是一种颜色，也可以令她意乱情迷。蓦然回首，她辜负了自己太久。

回家后，对着镜子，方才惊觉自己是一个韶华初好的少女。母亲带着她去定做皮鞋，她选了一双淡玫红色的。从此，三毛的世界有了色彩。她穿着裙衫，像是赶赴一场晚春的约定，用美丽装点着原本清淡的日子。

"当年的那间画室，将一个不愿开口，不会走路，也不能握笔，更不关心自己是否美丽的少年，滋润灌溉成了夏日第一朵玫瑰。"这一切改变，是恩师顾福生所赐。可对于他的好，三毛总也说不出一句感谢的话。但她心底认定了这段缘分，是生命史册上最重要的一章。她今生不能忘，不敢忘，亦无法忘。

天真的三毛，不知道顾福生只是与她同舟共渡一程的人。有一天，缘分尽了，终将她遗落在孤独的水岸。此后，天涯寥落，谁来为她指引迷津？

那段时间，顾福生举办了个人画展。三毛除了在家里潜心读书写作，就是一趟又一趟在老师的画展中心流连。她似乎安于这种生活，那里像是一个满是风情的梦境，又真实地存在。她原以为自己是那个可以在风雨中往来的女子，有文字为她诗意地撑伞，有恩师为她将蓬门打开。

记不得是在哪天，顾福生突然对三毛说："再过十天我有远行，以后不能教你了！"这突如其来的话语，让三毛没有勇气继续听下去。只记得，他要去巴黎，一座艺术之都，去完成他的梦想，他的使命。没有人敢于说出那句让他停留的话，三毛更是不能。

三毛深知，梦想对一个艺术家来说有多么重要。顾福生为了圆梦，决意漂洋过海，到巴黎去寻找他的画，他的城。也许有一天，在那个世界中心，他会声名远扬。也许他只是默默无闻地，埋葬于一间小画室里。结局如何，他都无悔，都会坦然相待。

纵是不舍，又能如何？三毛沉默不语，只淡淡地微笑。后来，她离开了顾家大院，走出长长的巷口。那条回家的路，突然变得那么那么漫长，她终于还是一个人走完了。阑珊灯火下，这个都市的一切都好朦胧，只有她的背影，那么清晰。单调的足音，仿佛重复着她落寞的心情。那一刻，三毛明白，把梦寄托在别人身上，是多么不安全。

一艘叫作"越南号"的大轮船，载走了那个追梦的年轻人，也载走了三毛的另一个灵魂。她在瞬间长大了许多，深知了许多，却难以用言语来诉说。对于顾福生的恩情，三毛总觉得一切形式都无以为报，唯有感动，搁在心底。

十年后，三毛来到美国伊利诺伊大学。这对久未谋面的师徒，约定了在芝加哥重逢。那个雪夜，三毛独自在满城灯火下徘徊，只要她再勇敢一些，就可以见到相别十载的恩师。可她自卑依旧，十年光阴，她还是一无所有。对于一个她最看重的人，最该感恩的人，又该拿什么去交代？

唯有错过机遇，违背约定，来成全她的懦弱。闪烁的霓虹灯下，三毛依旧那么寂寞。无声的雪，一直飘落，不知疲倦，不肯停歇。可它，又能承诺什么？给得起什么？

今生的见面，恍若前世的离别。那些熟悉的、遥远的故事，还在继续。

爱是信仰

> 红尘路上，多少结伴同行的人，最后都相继走散。日暮黄昏，行走在落英缤纷的小径，想要丢弃自己，也是不能。

世间，有没有一种爱，叫不离不聚？有没有一种人，叫不生不死？或许这只是人在无奈时，无端生出的想法，不可当真。三毛有一本文集叫《雨季不再来》，记载了那个原本该美丽多姿，却烦恼不断的年少光景。筛选回忆，难以分辨出有多少情节可以擦去，又有多少故事可以珍藏。

顾福生走前把三毛托付给另一个画家韩湘宁。韩湘宁亦是一位年轻的画家，他洒脱明朗，喜爱穿白衬衫。三毛曾有一段文字，这么回忆他："一个不用长围巾的小王子。夏日炎热的烈阳下，雪白的一身打扮，怎么也不能再将他泼上任何颜色。"

这个明净的大男孩，与顾福生性情两样，但三毛和他在一起，亦觉轻松自在。他们的师徒缘分很是短暂，不久韩湘宁去了纽约。韩湘宁走时，也给三毛找了位新老师——彭万墀。这位艺术家像苦行僧般，总爱穿一件质地粗糙的毛衣。没过多久，彭万墀也去了巴黎发展，追寻他的人生梦。三毛的三位老师，后来都成了华人世界著名的艺术家。

相逢瞬间，相离刹那，来去匆忙，无须给谁交代。红尘路上，多少结伴同行的人，最后都相继走散。日暮黄昏，行走在落英缤纷的小径，想要丢弃自己，也是不能。那些曾经许下诺言又没有兑现的，不必计较，因为没有谁真心愿意去违背。

三毛在聚散中成长，她渐渐从那个漫长的雨季走出，感受雨后阳光的清新和温暖。这段时间，三毛和陈若曦相处甚多。陈若曦是个热情开朗的女孩，一头清爽短发，风采迷人。素日里，她总劝说三毛应该走出自闭的狭隘世界，已经错过了花季，不能再与青春擦肩。

陈若曦听说台湾中国文化学院开办了一年，她提议让三毛去找创办人，看能否做一名选读生。三毛亦不想固守这份无望的坚持，将自己封锁在寂寞的城里，没有出路。她写了一封长长的信，给文化学院院长张其昀先生，把自己少年失学和自学的经历都写上了。后来三毛回忆那封信，清晰记得最后一句话："区区向学之志，请求成全。"

相信没有谁会忍心拒绝一个年轻女孩诚心追求学业的请求。张其昀先生读完三毛那封情真意切的信，立即亲笔回信，其中写道："陈平同学：即刻来校报到注册。"而他的成全，让三毛的人生又有了莫大的转变。有时候思索，人生路途上，每个章节、每个片段都至关重要。任何一个细节有了微小的改变，都将重写所有的过程和结局。

三毛成了文化学院第二届选读生。注册那一天，她带了自己的画和发表的作品去见张院长。这些是时光对她的认可，她珍惜并尊重。张院长看了三毛的作品，甚为欣赏，并建议她选择文学或艺术专业。文学和艺术是三毛今生梦的开始，她自当在书卷和画册中找寻她的春风秋水。

出乎意料的是，三毛选了哲学系。之所以选择哲学，是因为她想知道人活着是为了什么。这个叛世离俗的女子，任何时候，都会有其自身独特的想法和理由。但正是因为如此，她的笔才能撰写那么多不与世同的故事，成为一代富有传奇色彩的作家。

大学的学习生活，与中小学不同，多了一份自由和散漫，随性与从容。因为是文化学院，文学艺术气息浓郁，三毛在这个空间，心境通透了许多。虽然休学了七年，但三毛大量的阅读、非凡的悟性，让她在同学当中显得成熟而有内涵。

据三毛所说，她在大学里的成绩一直算中上等。七年的缺席，让这位骄傲的女子更加好强，她不容许自己再次失败。她依然痴迷看书，痴迷写作，依然性情怪僻，头脑中永远充满着神奇的幻想。在所有同学眼里，三毛是特别的，特别的装扮，特别的思想，就连她的字体，都自成一格。

曾有老师说过，三毛喜欢追求幻影，创造悲剧美，等到悲剧美、幻影成为真实的时候，她便开始逃避。三毛似乎一直都是如此，不满足于现世中那些平淡无奇的事物，执着于飘零和幻象。这样的女子，内心世界永远似一片汪洋，波涛不尽。她的情感亦不肯平静，一旦选择了，誓要纵浪到底。

有人的地方，就有纷扰，就会生出爱与恨，悲与喜。以往，她的世界只有一扇窗，一个人，一种爱。如今，她走进拥挤的人流中，势必有那么一个人，一桩情缘，将她等待。是的，倘若没有这个人，三毛的大学生活，应该淡若流水，静如兰草。

三毛是幸运的，在她最美的年华，为一个美丽的男子，奉献她一颗宛若朝霞的初心。尽管，这段情缘没有结下幸福的果，甚至把她伤到无以复加，被迫从此沦落天涯。但她此生无悔，她甘愿做他生命中那个最痴情的旅人，为他红颜尽欢，遗世独立。

舒凡，本名梁光明，戏剧系二年级的学生，比三毛高一个班。那时已出版两本集子，是学院里叱咤风云的才子，英俊倜傥。就是这个男子，在三毛的心里，住了几年。他是三毛真正的初恋，爱到没有信仰，爱到远走他乡。

尽管，在此之前，三毛亦有过暗恋。但那种情感，像是未成熟的青涩果实，不足以令她尝遍百味，过尽千帆。她渴望一场惊动山河的爱，让她斩去所有悲伤怯懦的昨天。她需要这份爱，来唤醒她沉睡七年的灵魂。尽管文字给了她无尽的幻想，却给不了她刻骨铭心的爱与痛。

"这个男孩是当过兵才来念大学的，过去他做过小学教师。看了他的文章后，我很快就产生了一种仰慕之心，也可以说是一种一个十九岁的女孩对英雄崇拜的感情。从那时起，我注意到这个男孩子——我这一生所没有交付出来的一种除了父母、手足之情之外的另一种感情，就很固执地全部交给了他。"

这是三毛在《我的初恋》里写的一段话，多么固执又痴心的女孩。她的思想无有止境，她的爱却深情专一。她不肯轻易为谁改变，一旦爱了，就可以不要自己。三毛对这个男孩像信徒一般，跟着他，敬仰他。那段时间，只要有舒凡的地方，就必然可以看到三毛的身影。

三毛放下一切自尊和自傲，自卑和软弱，就这么如影随形地跟了他三四个月。舒凡明知道这个女孩在默默地为自己付出和奉献，但他始终保持缄默。他的冰冷让三毛的心受尽煎熬，每日陷入相思的河里，不知所措。这是一场无可救药的单相思，让三毛尝尽了酸涩和痛苦。但她始信，终有一日，他会与她执手相看，对影成双。

那时候，三毛的作品，相继在报刊发表。在学校，她虽不及舒凡那般声名远扬，却也是位多情才女。可为什么，他对她的存在，总是那么视若无睹？骄傲如他，或许永远不肯为任何女子轻易低眉。三毛知道，固执地痴守，未必是追求爱的最好方式。她需要一个机会，一个可以令他愿意与她一起坠落爱河的理由。

缘分为这段爱情拉开了美丽的序幕。有一次，三毛发表了几篇文章，拿到稿费，在学校请客。当同学们吃着菜，喝着酒，闹得正兴时，走进来一个人，这人正是舒凡。三毛为他的突如其来感到惊喜万分。她甚至期待，今晚这场青春聚会，他们会成为一对主角。

三毛起身为这个自己暗恋了几个月的男子倒酒，试想今日，他该是不能拒绝。她眼中万种柔情，他依旧冷漠如霜。只将杯中的酒一饮而尽，他便和别的同学三杯两盏对饮去了，再不肯转过高贵的头，多看她一眼。不一会儿，他便挥手离开，像是害怕与三毛有任何交集。

三毛的心被这种挫败感狠狠地击伤了。她再也没有心情来招呼任何一个同学，只坐下来，自斟自饮，一解愁烦。宴席散去，薄醉的三毛，止不住内心的悲伤，在凉风吹拂的季节，落寞的她，独自漫步于空旷的操场。

该用怎样的柔情，才能打动那个冷若秋水的男子。又该用怎样的故事，才能续写人生经典的传奇。三毛不知，那个叫作爱情的词，离她只有一步之遥。不知，幸福原来可以触手可及。

当爱成了一种信仰，它必会以痴情的方式相报。

流浪远方

爱是一弯明月，从古至今诉说着地老天荒。爱也是一把利刃，刀口上不知道有没有明天。

　　"爱到底是什么东西，为什么那么辛酸那么苦痛？只要还能握住它，到死还是不肯放弃，到死也是甘心。"这是三毛的爱，爱得疼痛忧伤，爱得死心塌地。这个女子，刚刚进入爱情的缤纷世界，就迫不及待地要把爱的滋味一一尝遍。

　　爱到底是什么？万千众生，爱便有千万种。爱是漂荡在沧海里的一叶轻舟，是封存于岁月里的一壶窖酿，是行走在沙漠上的一树菩提。爱是百媚千红的一枚绿意，是繁华三千的一抹清凉，是沧海横流的一丝平静。爱是一弯明月，从古至今诉说着地老天荒。爱也是一把利刃，刀口上不知道有没有明天。

到底是如花女子，明知红尘深似海，亦无法不投石问路。当三毛心灰意冷时，她企盼许久的缘分却悄然而至。她发现，寥落的操场上，离她不远处，伫立着一个熟悉的身影。那一刻，她岑寂的心，在凉风中重新跳跃。这个身影，是舒凡，是三毛魂牵梦萦的大男孩。

"我的一生不能这样遗憾下去了，他不采取主动，我可要有一个开始。"暗恋了几个月的三毛，看着离自己只有几步之遥的爱人，她再也不想等待，不想错过了。她必须勇敢地争取，无论结局如何，她要给自己一个无悔的交代。这不是赌注，而是她人生中第一场真爱，她愿以所有的美，换取一刻情深。

"于是我带着紧张的心情朝他走去，两个人默默无语地面对面站着。我从他的衣袋里拔出钢笔，摊开他紧握着的手，在他的掌心上写下了我家的电话号码。自己觉得又快乐又羞涩，因为我已经开始了！"这个自闭多年的女孩，能够打开心扉，越过俗世藩篱，追求心中所爱，该是多么地不易。更何况，她所谓的开始，只是属于她一个人的开始。她不知道，这种开始会不会是一场独角戏。

来不及想那许多，她要的是血溅桃花、触目惊心的感觉。在爱情面前，不能却步，不能低头，否则一擦肩就是永远。递给男孩钢笔，三毛不敢再多看他一眼，她怕会碰触到那个冷漠的目光。转身之前，她还是禁不住落泪了。在被拒绝之前，这不是委屈，也不是伤害，可心里泛滥的爱，让她疼痛难当。

那个下午，三毛逃课了。回到家，她寸步不离地守着电话。她不知道，这样一厢情愿的等待，会不会没有结果。整个下午，阳光菲薄，像是一场若有若无的约定。直到五点半，三毛终于等来了他的消息。他约她晚上七点半在台北车站铁路餐厅门口见。挂断电话，三毛又激动得落泪。不承想，那些遥不可及的幸福，原来这么近。

为了赶赴今生第一场约会，三毛费尽心思在镜前装扮。年仅十九岁的三毛，还不曾被世事风霜吹拂，虽有一种孤傲，却终究还是稚嫩清秀。看过她年轻时的照片，与行走风尘之后相比，差别甚远。岁月在每个人的脸上、心里留下深浅不一的痕迹，无论你是否愿意，都必须接受。

长发披肩，清瘦高挑，三毛虽算不上十分美丽，却也气质绝佳。她不是那种平静如水的女子，仿佛任何时候，在她的身上都看得到一份张扬和野性。她像一只野狐，在红尘阡陌迷失方向，又可以凭着与生俱来的灵性，寻到属于自己的小小巢穴。

她痴迷的文字，最终如愿以偿。她想要的爱情，也算是花好月圆。三毛的初恋，就从这一天开始。她说过，一旦爱了，至死也不肯放弃，死亦甘性。初恋是人生当中最青涩、最甜蜜，也最难忘的事。无论这个曾经许诺过生死相依的人到最后，是否真的能与自己携手白头，都值得怀念。

三毛的初恋同许多人一样，开出了美丽的花，却结不了果。尽管三毛为这段爱付出了青春岁月里所有的热情，他们还是背道而驰了。因为这个男子，三毛才背上行囊，从此踏上流浪的征程。因为这场无果的爱情，三毛才决意远离故土，为浮世今生寻找一个归宿。

但三毛不后悔，她感谢舒凡，是他给了她美好的初恋，给了她两年最温柔的时光。我们甚至可以想象，一个文学天才和一个戏剧系的才子，在校园里该会是怎样的一道风景。花前月下，总有诉不尽的衷肠。当然，这一对恋人在一起的时候，有交集，亦会有疏离。

这一切丝毫不影响三毛对爱的执着。爱情让她成熟，让她更加热爱文学，尊重生命，期许未来。她的世界原本只有自己，可她让他住进她的城，为他衔泥筑巢，添砖补瓦。那时候，三毛觉得自己就是枝头那朵最灿烂的花。为了所爱的人，她要固执绽放，以身相殉。

年华似水，总是匆匆。舒凡比三毛高一个年级，就在他行将毕业的时候，这段进行了两年的爱情，遇到了荆棘。三毛期待可以和自己爱的人在一起，朝暮相处。任何的分离都会让她心生不安，所以她提议和舒凡结婚，给爱情一个归宿。但舒凡不愿意，他认为彼此还年轻，待他毕业后事业有成，再结婚亦不迟。

三毛不肯罢休，又提出她可以休学结婚，之后和舒凡一起创业，共同努力，守候未来。但舒凡觉得不妥，他认为只有彼此成熟，才能成就一段美满的婚姻。爱情不是生活的全部，以他的才学，刚离开学校，应该有一份锦绣前程、远大抱负，而不是早早地将自己埋葬在围城里，为柴米油盐消磨了雄心。

也许，这就是男人和女人的不同之处。自古英雄难过美人关，也有爱江山更爱美人之说。但这一切大多发生在男人拥有了名利权势以后。而女人一旦沉溺爱河，亦生亦死。像三毛这样独特孤僻的女孩，亦免不了儿女情长，甚至比寻常女子更不顾一切，难舍难收。

谁说痴情不是一种罪过？有些爱需要适可而止。三毛的痴情、深情、长情，突然成了舒凡的负累。因为害怕失去，她整日惶恐不安，哭哭笑笑，希望舒凡可以给她一个承诺，给爱一个家。原本情深缱绻的一对恋人，在人生抉择的路口，开始漂浮难定。

爱情不是诗中的"在天愿作比翼鸟，在地愿为连理枝"，也不是词里的"问世间，情是何物，直教生死相许"。爱在生活中会遭遇偶然，会有力不从心的时候。舒凡，一个放荡不羁的才子，一个倜傥洒脱的男人，爱情装扮了他的青春，却不能更改他的命运。他的退却，并非薄情，而是没有足够的时间来对抗三毛的咄咄相逼。

那时候，三毛每天都在等舒凡做选择。要么和她结婚，要么就放手，让她远去西班牙留学。"其实，我并不想出国，但为了逼他，我真的一步步在办理出国手续。等到手续一办好，两人都怔住了：到底该怎么办呢？"三毛后悔了，这个从不肯回头的女子，却愿意为爱宽容。

她闯祸了。为了弥补，在临走前的最后一个晚上，她还是给了舒凡机会。"机票和护照我都可以放弃，只要你告诉我一个未来。"如此相催，如此逼迫，让舒凡根本无法心平气和地给出承诺。三毛要的未来，他真的给不起。又或者说，他的未来将会是什么，自己都不知道，让他如何就这么轻易给出承诺，如何去承担这个责任？

他哭，三毛也哭。那是个疼痛、伤感、遗憾交织的夜晚，眼泪成了最好，也最慈悲的语言。也许只有眼泪，才可以掩饰内心的软弱，可以原谅所有的背离，可以擦拭带血的伤痕。舒凡最后的转身，让三毛彻底崩溃了。她对爱所有的期盼，所有的幻想，就这样成为泡影。

这不是骗局，愿赌服输，结局如何，三毛认了。她必须走，必须离开这座城，哪怕远方是断崖偏锋，她亦要自我救赎。三毛说，我没有办法，我被感情逼出国了。其实，逼她的，是自己。这就是三毛，爱到极致、活到极致的三毛。

父亲陈嗣庆说过这么一段话："我的二女儿，大学才念到三年级上学期，就要远走他乡。她坚持远走，原因还是那位男朋友。三毛把人家死缠烂打苦爱，双方都很受折磨。她放弃的原因是：不能缠死对方，而如果再住台湾，情难自禁，还是走吧。"

这个被爱情令箭击伤的女子，需要一个人独自舔血疗伤。远方，她去了远方，选择与背包相依为命。从此，她的名字，叫流浪。

流浪。

春风换颜

> 这两片曾经相聚的云朵，没有因为离散而形同陌路。一个用随遇而安获得平静，一个用半生漂泊换取故事。

美丽的风景，总是在远方。因为那片不曾跋涉的陌生国土，有未知的山水，未知的际遇，以及未知的尘缘。对许多人来说，远方是诱惑，是对生命的挑战。而那个叫作归宿的地方，却需要穿越一生的沧桑，方能遇见。

三毛说，她奔走天涯，是为了逃避情感。远行，对她来说不是信仰，也无多少诱惑，只是想要遗忘，想要放逐。直到后来，远方的风景抚平了三毛内心的伤痕。她就那样走出情感狭隘的小天地，有了踏遍山河的热忱。

三毛离家那一天，口袋里放了五美元现钞，一张七百美元的汇票单。这点钱，对一个孤身天涯的女孩来说，也实在不多。走的时候，她没有流泪，只希望把笑容留给父母亲人，留给这片她眷恋的故土。她就那么决然而去，始终不肯回头。纵然她的母亲哭倒在栏杆上，她也没有转身挥手。

她不敢回头，她害怕转身之后，父母的目光，会击碎她本就脆弱的意志。直到穿越云海，飞渡暮雪千山，她终究还是落泪了。但三毛的心底依旧一片迷茫，她甚至不知道，如何就走到了这样的局面。亲手断送的情感之路，没有机会再回头。漂泊之旅，就从这里开始。

像是一场美丽的错误，倘若没有年轻时的寥落，又如何会有后来万里风沙，江湖相忘的洒脱。初恋为三毛的人生设了伏笔，让这个女子成了沙漠上最美的风景。多少人因为她才有了勇气走出小小天地，去远方追寻梦想，阅历风霜。多少人因为她而爱上了撒哈拉的故事，爱上了滚滚红尘的烟火。

到底是不同，我总愿做一个淡看落花的闲人，和檐角的时光一起静听别人的故事。也愿意用青春换苍颜，那样就可以免去山水迢遥，省略离合悲欢。然后，老去之时，依靠简单的回忆过活，未尝不是一种幸福。

西班牙马德里。三毛将在马德里大学哲学系进修二年。西班牙也许并不是一个名字十分响亮的国度，却令许多人着迷于它的风情。那个年代，许多艺术家都去往浪漫的艺术之都巴黎，或去日本赶赴一场樱花的盛宴。

三毛为什么选择去西班牙，据她自己所说，是在大学时候偶然听到一张西班牙古典吉他唱片，深受感动。她心中向往着那个粗狂、风情、朴质的美丽乐园，有小白房子、毛驴、牧歌、一望无际的葡萄园。

三毛就是因为这份感动来到西班牙，她希望这个地方能够改变她苍白的人生。她必须忘记那段前缘，剪断爱的绳索，在这个陌生的地方重新疼爱尊贵的自己。

后来，三毛的初恋情人舒凡当了台视文化公司的总经理。尽管他与文化相交了一辈子，但可以静心写作的时间太少。而三毛一路行走，一路书写，她的才名已远远超越了当年文化学院的风云才子。

命运赋予每个人的过程与结局都不容更改。这两片曾经相聚的云朵，没有因为离散而形同陌路。一个用随遇而安获得平静，一个用半生漂泊换取故事。多年以后，三毛和舒凡还保持了淡淡的君子之交。毕竟，三毛把人生最美、最初的情感给了他。毕竟，因为这段错过，三毛的人生才真正起程。

舒凡曾说，二十年间男婚女嫁，两人一度家住一巷之隔。只有一次在巷口，遇到三毛跟其他的文艺界人士一起。咫尺天涯，他们始终未重逢。三毛也说过："情感只是一种回忆中的承诺，见面除了话当年之外，再说什么就都难了。"所以，有些人，一生一世都没有相见的必要。

唐人杜甫有诗云："人生不相见，动如参与商。……明日隔山岳，世事两茫茫。"世间的聚散离合，本就寻常，有些永远实属意外。你看，多少旧物还在，只是换了新人。倘若遗忘，就将前缘擦去，一笔勾销。倘若记得，只当回忆，漫不经心地想起。

刚到西班牙，这个带着情伤的异国女孩，没有朋友，语言不通，唯有孤独如影随形。但她依旧感恩，因为这个陌生的环境模糊了她的记忆，让她淡忘远在台北的人和事。但令她无法割舍的，是亲情。写信，似乎成了她初去西班牙那段时间的所有依靠。

陌生的国，日子也变得漫长。她给家里写信，不说寂寞，不诉辛酸。白日里，尚可以感受到西班牙人热情奔放的生活方式。可一到夜晚，那种乡愁，以及残余的初恋情感，会钻入她的骨血，令她疼痛难当。但她必须忍受这种痛苦，因为选择远方，就已经知道，悲伤是必经的路程。

曾经，时间做了刀客，宰割她的爱情。如今，时光又做了良药，治愈她的旧伤。一年后，这个过去孤僻、冷漠的女孩，感染到西班牙民族的疯狂和随性。终于相信，环境能够在潜移默化间将一个人改变。任你多么固执，多么坚定，终究也会被风雨打湿衣襟，被岁月染上尘埃。

其实她骨子里热烈又野性，美丽又哀伤。渐渐地，她成了马德里一只无拘无束、自在飘飞的蝴蝶。她开始去咖啡馆、跳舞、搭便车旅行、听轻歌剧。她还学会了抽烟，爱上了喝酒。这并不意味着三毛从此不再是那个纯情女子，只能说她终于走出封闭的牢笼，懂得享受生活，珍爱生命。一个人只要内心清澈，任由世间风云变幻，亦可以洁净无尘。

三毛曾记述过："学生时代，住在马德里大学城的书院，每日中午坐车回宿舍用午餐时，桌上的葡萄酒是不限制的。在那个国家里，只喝白水的人可以说没有。一般人亦不喝烈酒，但是健康的红酒、白酒是神父和修女甚至小孩子也喝的东西。就是这种自然而然的环境，使我学会了喝酒，而且乐此不疲，也不会醉的。"

为此，三毛还买了一个酒袋，她对酒的情结，来自西班牙。以后的日子，无论喝是不喝，总得注满了葡萄酒，那酒袋才不会干。可后来换了山水，三毛总想着买一瓶好酒浸泡那个酒袋，却少了一份心情，亦找不到西班牙那般味道的酒。原本应当用上一辈子的东西，就那么一日一日地干渴下去。

万物需要滋养才会有灵性。人的思想和情感亦是如此，倘若不去呵护，有一天，亦会失色换颜。如今的三毛，风情、洒脱、自在、狂野。十年前那个因自闭休学的少女，已经恍若隔世。对于失恋，她不再惆怅，甚至感恩舒凡给过她那段美好的回忆。

倘若当初舒凡不拒绝三毛，或许此时的她，已经嫁作人妇。可个性张扬、情感丰富、视文字为命的三毛，愿意割舍一世的追求，每天做着朝九晚五的工作，过着平凡生养的日子吗？恋爱与结婚不同，这时的三毛，尚缺少人生阅历，她还不能够支撑一个家庭。又或者说，一旦生活定型，谁来替她续写那段传奇人生？

三毛仿佛生来就是一个流浪者，所以当她踏上行程，感觉人生原来可以这么活，她再也做不了一个安静温婉的女子，对着一扇幽窗，拿一支素笔，写着单薄的心事。她需要在放逐中，感受生命的美妙，像孤雁一样，任意高飞，任意停留。

三毛爱上了旅游，她跑到巴黎、慕尼黑、罗马、阿姆斯特丹……她没有向家中要旅费，她说："很简单，吃白面包，喝自来水，够活！"她是勇敢而坚定的，不惧风雨清贫，视人情风物为世间最珍贵的财富。

突然觉得，以往的岁月只是做了一个长长的梦。她不能重蹈覆辙，她必须不停地更改方向，找寻故事。喝一壶肝肠寸断的酒，看一场意兴阑珊的雨，唱一首撕心裂肺的歌。只是不要再轻易去爱一个人，不要再犯相同的错。

缘分，有时候比人还固执，还死心塌地。缘尽时，不容你是否舍得。缘来时，亦不问你是否需要。错误的时间，总会有那么多错误的相遇。有些人携手一程就分道扬镳，有些人转过万水千山终不离不弃。

三毛不知道，在这个异国他乡，有一个人，为她而生。倘若没有曾经的失去，亦不会有将来的得到。人说缘分注定，可究竟哪一段，真正属于自己？

天涯的你，天涯的我，都是人间漂萍。且问一声，谁是落花，谁又是流水？谁是过客，谁又是归人？

——你是锦瑟——我为流年——

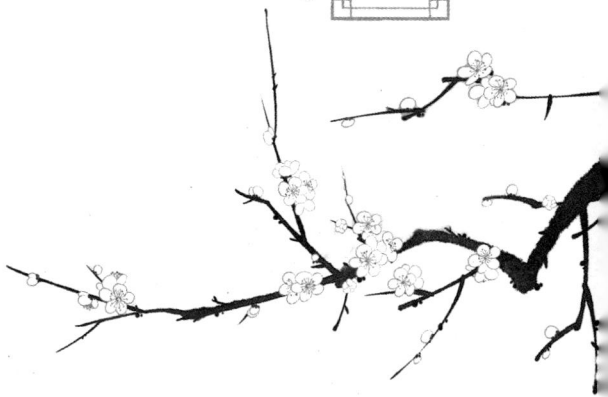

第三卷 ◎ 梦里花落知多少

邂逅荷西

人与花相似，每个青春女子都惊艳过，
开在季节的枝头，绚丽绝美。但不是所有
人，都可以在恰好的年岁，遇见恰好的人。

一场秋雨后，荒寒潮湿的墙角处，一朵不知名的小花独自开
放。也许，这个季节不属于它，悄然绽放只是为了守候一场无期
的相逢。我与它的缘分也就这短暂的相望而已。几秒钟不过是一
阵风拂过的瞬间，却能够让它牵怀一生一世。

倘若没有这次注目，或许走过短暂的花期，便默默枯萎。不

曾有交集，亦不会有遗憾和念想。人与花相似，每个青春女子都惊艳过，开在季节的枝头，绚丽绝美。但不是所有人，都可以在恰好的年岁，遇见恰好的人。就算遇见恰好的人，也未必给得起你如意的爱情。

"那时的我，是一个美丽的女人。我知道，我笑，便如春花，必能感动人的——任他是谁。"曾经自闭的三毛，如今成了一个对镜理红妆的女子，她笑靥如花，明媚似水。在马德里书院的女生宿舍，那些皓月当空的晚上，有西班牙男生的"情歌队"，在阳台下弹吉他唱歌。而最后一首，必定是献给那位叫"Echo"的中国女孩的。

三毛以她东方女性的典雅、尊贵和美丽，打动了西班牙年轻男子的心。她不再是往日那个青涩的少女，她学会了用愉悦的心情来接受他们的歌声与爱意。在遥远的异国，她必须给自己喂养热情，才能快乐地生活下去。渐渐地，她中断了和舒凡原本就次数不多的通信。隔山隔水，那段感情已经是回不去的梦乡。

忘记一个人，也许需要一辈子。邂逅一个人，却只需一个瞬间。在年华老去之前，还有许多人，为之等候，还有许多故事，为之停留。

　　有一个西班牙男孩，名字叫José María Quero。三毛唤他荷西。倘若没有三毛，荷西或许只是西班牙一个平凡的工程师，在他的祖国，一壶酒，一袋烟，过着寻常却安稳的生活。可因为后来娶了三毛为妻，他便成了这位著名作家书中的男主角。他和三毛一波三折的情感，聚聚散散的缘分，在读者心里留下了深刻的印痕。

　　这个不熟悉中文的西班牙男子，总爱骄傲地告诉别人，他的妻子是一位才情了得的作家。尽管，他无法读懂她的作品，更不知道那些长长短短的文字里蕴藏了怎样的情怀。可荷西爱三毛，他把今生所有的爱都给了这个中国女子。从十八岁开始，就为她守候，为她痴心不改。在她流离失所的时候，陪着她跋山涉水，为她抵抗人世风尘。

　　西班牙南部安达鲁西亚地区的哈恩，是荷西的故乡。这里是西班牙最大的橄榄油产地，荷西的父亲有大片的橄榄树林。荷西家里兄弟姐妹好几个，他自小不爱学习，又不乖巧听话，所以没有得到许多的爱。

　　在他年少的时候，就梦想拥有一段美丽的爱情。他曾许愿要娶一个日本女孩做妻子，到后来他遇见三毛，这位黑头发、黑眼晴的东方女子，让他一见钟情。他发誓要娶三毛为妻，无论付出多少代价，痴等多少年。不承想，这位携带传奇上路的女子，百转千回之后，终究落入他的怀中。

西班牙的秋天，树叶尽落，冬天将来临。这么简单的一个句子，却总是带给人无限的遐想。因为叶落之后，有一段故事，将要悄然开始。

平安夜，三毛在一位中国朋友家过节。午夜时分，当邻居、朋友各自出来互道平安的时候，三毛认识了生命中的男子荷西。这时的荷西只能算是一个男孩，因为他还不到十八岁。

不是所有的初见，都会有一段惊心。但三毛初见荷西的时候，却真的有了刹那的心动。她是这样描述的："我第一眼看见他时，触电了一般，心想，世界上怎么会有这么英俊的男孩子？如果有一天可以作为他的妻子，在虚荣心上，也该是一种满足了。"

一直以来，都觉得荷西有一双忧郁的眼睛。他留着胡子，看上去粗犷，却也平实。纵然三毛有了短暂的心动，但她早已过了那个筑梦的年龄。荷西不同，就这么一个眼眸，让他对这个东方女子一见钟情。自小不肯跟随父母信教的荷西，做了三毛的信徒。他爱上了三毛，把爱当成了信仰，当成了未来一切的支柱。

爱情在每个人心底，种下了不同的因果。有些爱细水长流，淡而有味。有些爱刻骨铭心，誓死相随。三毛和荷西成了一对很快乐的朋友，他们一起踢足球，打棒球，骑摩托车，到旧货摊购物。三毛喜欢这个西班牙男孩，觉得他纯真而朴实，但这一切无关爱情。

三毛并不知道，她早已是荷西魂牵梦萦的女子。那时，三毛读大学三年级，荷西念高三。这个冲动少年为了爱，开始逃学。那段时间，荷西总是溜出校园，跑去找他心爱的女子。三毛还记得，她在书院宿舍读书，有西班牙的朋友跑来告诉她："Echo，楼下你的表弟来找你了。"

三毛觉得诧异，她并没有表弟，在西班牙这么久，也没有谁来找过她。可当她走到阳台上时，看到荷西，手臂里抱着几本书，手中捏着一顶他戴的法国帽，紧张得好像要捏出水来。这个男孩逃学是为了来邀请三毛去看一场电影。

起先三毛并不在意，她确实把这个男孩当作弟弟一般。可后来接连着每天都可以听到宿舍里"表弟来啰！表弟来啰"的叫喊声。三毛潜意识里感觉到，这个比自己小那么几岁的男孩，对她生了爱意。这种爱简单而纯净，让她不忍轻易说破，又无法狠心拒绝。

直到有一天，荷西郑重地对三毛说："再等我六年，让我念四年大学，两年兵役，六年以后我们可以结婚了。"明知道这只是一个尚未成熟的孩子许下的一段难以兑现的诺言。但荷西说得那么认真，一个瞬间让三毛心生感动，不由自主地握紧了荷西的手。

荷西深情地说着：他的愿望是拥有一栋小小的公寓。他外出赚钱，三毛在家煮饭给他吃，这是他人生最快乐的事情。这简单而美好的心愿，不就是当年她梦寐以求的吗？三毛对初恋情人舒凡，说过多么相似的话。那时的她，梦想着可以和舒凡结婚，拥有一个温暖的小家。而她每天为他洗手做羹汤，为他经营平凡的日子。在暮色来临的时候，为即将归家的他留一盏明亮的灯。

记忆如潮，在瞬间将三毛淹没。那些以为早已愈合的伤，竟然还会隐隐作痛。她知道，荷西对她的爱是真的，一如当年的自己。的确，她有感动，但不能因为感动而伤害他。她清楚地明白，她对这个男孩没有爱情，只是一种简单的喜欢。她喜欢寂寞之时和他一起放飞心情，喜欢看他淳朴的笑，喜欢那种不问缘由的相处。

可如今，这份情感不再单纯。倘若荷西不曾对她表白，她可以假装不知道，依旧和他快乐地在一起。但她不能让他痴心地等候，这注定无果的爱如何可以开始。荷西，这个西班牙男孩，根本不知道他爱的女子，当初是带着一颗破碎的心而来。如今，又怎么会轻易相信，轻易应允他的承诺。

六年，多么漫长的时间。足以让他从一个男孩长成一个男人，也足以让三毛从一个风华女子到青春老去。这是一场赌局，三毛不能下注，更何况她从来没想过拥有。就算六年后，他们形同陌路，她亦不会觉得有多少遗憾。

与其等到那时，他来伤害她，不如现在先辜负他。三毛做了决定，不再与荷西交往，她不能给他一丝渺小的希望。分手的一幕，三毛每次想起都会流泪。

那个夜晚，马德里下起了久违的大雪，像是特意为这段感情做一次美丽而伤感的结束。"从今天起，不要再来找我……因为六年时间实在太长了，我不知道会去哪里，我也不会等你六年。你要听我的话，不可以来缠我，你来缠的话，我是会怕的。"这是三毛对荷西说的话，冷漠又决绝。

荷西不明白自己做错了什么，但他知道，三毛不愿与他继续交往下去了。她让他听话，永远都不要再回来。他爱她，正因为爱，所以必须尊重她。那个夜，特别冷，寒风入骨。荷西的心，冰冻在这个寒夜里，许多年以后，才融化，苏醒。

荷西知道，他必须离去，必须。他一面跑一面回头，口中喊着："Echo，再见！Echo，再见！"就算心里痛得眼泪要掉下来，他还扮着鬼脸，脸上挂着笑。三毛看着这个痴心的男孩渐渐消失在茫茫的夜色里，眼前只有漫天飞舞的雪花，在诉说着这段忧伤的故事。三毛几乎要喊起来："荷西，你回来吧！"

可她没有。那种景象，三毛永远也不能忘记。这一次错过，耗费了整整六年的时间。许多年后，三毛才明白：有些遗憾，果然可以弥补；有些缘分，真的可以重来。

漂流德国

走过的地方，发生的故事，宛如生命里一出出折子戏。在剧中演过了聚离，尝过了悲喜，从开始到结局，交换着不同的自己。

趁一切还来得及，收拾好行将付出的感情，选择匆匆散场，淡淡离去。也许，这是三毛与荷西分手时的心情。可不知为何，总觉得色彩浓郁的三毛，情感世界也永远那么深邃。无论是爱与不爱，她都无法做到处之淡然。

对于这么一个真心爱她的男孩，一旦割舍，感性的三毛如何可以做到毫发无损。那个下着雪的夜晚，三毛辗转无眠。荷西却在枕上流了一夜的眼泪。这个男孩重诺，之后他再也没有去惊扰自己深爱的女人。直到六年后，荷西再次出现，是为了履行他曾经许过的诺言。

有些人，无论你怎么躲避，还是会遇到。有些事，无论你怎么强求，终究要失去。六年里，三毛相继谈了许多次恋爱，有爱她的，也有她爱的。有付出，亦有收获；有欣喜，亦有悲伤。长则几个月，短则甚至一个瞬间。可那些来去匆匆的情感，都飘忽如落英，流散在昨天的林荫小径。

为了断去荷西的念头，三毛开始结识新的男孩。有一个日本男生，和她同班，家境殷实，在马德里开了一家最豪华的日本餐馆。

这个男孩很有绅士风度，而且每天清晨都会给三毛送上一大束鲜花。那些日子，三毛的宿舍成了花海。日本男生不仅送鲜花，还买许多珍奇和贵重的礼物。和三毛居住在一起的同学，对他这种浪漫的追求方式格外羡慕。但馥郁芬芳的鲜花和琳琅满目的礼品似乎并不能打动三毛的芳心。

终于有一天，这位日本男生买了一辆名贵的汽车，用来当订婚礼物。看到这豪华的汽车以及男生眼中殷切的期盼，三毛心慌意乱。在别人眼中，可以遇见这般出色的白马王子，是三毛幸运。但三毛的心里，那个原本该滋生爱情，莺飞草长的地方，却依旧一片荒芜。她知道，没有爱情维系的婚姻，是人间最大的悲剧。

郊外的树林里，面对日本男生的求爱，三毛始终没有勇气那么坚定地拒绝。这份善意的逼迫、炽热的爱，让她有苦难言。踟蹰之际，三毛忍不住落泪。男孩被她突如其来的眼泪惊得不知所措，忙连声道歉："不嫁没关系，不嫁没关系……"

这一哭，让三毛清醒过来。原来她的心里，不能再轻易住进一个人。而这些与舒凡无关，与荷西无关。她想要一种让她在某个瞬间心动，又无比安宁的感觉，可是没人给得起。爱情不能勉强，三毛再次选择逃离。尽管，日本男生为此事伤心了很久，但三毛也只能默默地说声抱歉。

据说，三毛为了逃开这个日本同学，收下了一个德国同学的花。可她的心底，对这位德国同学亦生不出爱的感觉。她觉得自己错了，她的本意是想让心安静下来，如今反而卷起许多尘埃。

尘埃，是谁说过，人生过客皆是尘埃。其实不然，你爱的人，自是心中赏心悦目的风景。不爱的人，便是即刻想要删去的记忆。

春秋已几载，聚散终有时。三毛完成了在马德里的学业，西班牙虽带给了她许多美好的回忆，亦有许多令她眷念的地方，可三毛始终想不出任何值得她留下来的理由。加之那些不肯停歇的情涛爱浪，让她落得满心惆怅，一身萧索。但她走得还是不够洒脱，因为她行将去的地方，是男友的故乡——德国。

收拾行囊才发觉，几年青春留在这里，能带走的东西寥寥无几。或许人生就是如此，一路积攒，也在一路遗失。物质不能填补精神的空无，精神亦不能满足物质的缺失。一个人唯有用一颗博大辽阔的心，才能容纳万千风云，淡看荣辱得失。

三毛走了，她去了德国。为了筹集旅费，三毛去了一座风景绝佳的岛上做了三个月的导游。肖邦和乔治·桑曾经在这座岛上度过一段浪漫的生活。凭借对文字、对风景的天赋，三毛带着天南地北的游客，在仙岛上赏阅旖旎风光。但她知道，此岛只是人生一个小小的驿站，来这里是为了挣一笔费用，仅此而已。

走过的地方，发生的故事，宛如生命里一出出折子戏。在剧中演过了聚离，尝过了悲喜，从开始到结局，交换着不同的自己。今天，你把别人的痕迹擦去。明天，别人把你写入回忆里。在来了又走，走了又来的人流里，还有多少你残留的气息？

德国的柏林，流传着一句古老的谚语："整个柏林就像一片白云。"这座繁华的城，既有传统文化的韵味，又有现代时尚的风情。它快乐奔放，宽容友爱，在这里生活的人，如白云一样悠闲，似清风一般随性。在柏林，有著名的菩提树街，漫长宽敞的林荫道，仿佛可以找寻自己的前世今生。

但这些是别人眼中的德国。三毛眼中的德国又是一番模样。她用挣来的旅费买了一张机票，来到德国，进入歌德语文学院，专攻德语。

为了尽快获得毕业证书，三毛收拾起在西班牙时懒散的心情。她感染了德国人的刻苦努力，加之她的好强之心，不容许自己有丝毫的懈怠。每天上课和阅读的时间，多达十六个小时。三毛曾说过，在柏林的这段日子，是她留学生涯最贫乏的一个章节。

"我的课业重到好似天天被人用鞭子在背后追着打着似的紧

张。这使我非常地不快乐。时间永远不够用，睡觉、吃饭、乘车都觉得一个个生字在我后面咻咻地赶。"自小学业散漫的三毛，何曾有过这样的紧迫。但繁忙的学业填满了所有的时光，让她没有多余的时间去享受寂寞，品味感伤。

"我一天到晚就在念书，对德国的人和事，完全讲不出来。我认识的德国，就是上学的那条路和几个博物馆、美术馆。"这是三毛眼中的德国，平淡无味，连做梦的时间都没有。柏林像一片白云，仿佛是一个与三毛无关的传说。她把自己出卖给了学业。所幸，她的付出很快就有了收获。仅仅九个月的时间，三毛就拿到了歌德语文学院的毕业证书，取得德文教师资格。

三毛的这位德国男友约根，理想是当一名外交官。他对学习的刻苦，令三毛觉得乏味而疲倦。三毛曾说过，约根不舍得将一分钟留给爱情的花前月下，就算是约会，也是一同读书。生性浪漫的三毛，被夜以继日的学习消耗了所有的热情。

她以为爱情可以给她一丝慰藉，可以在她行将枯萎的心中种植一花一草，可约根丝毫不解她的情怀，他的呆板，消磨了三毛原本无多的爱意。陌生的城，繁复的学业，拮据的生活，荒芜的情感，让三毛重新将自己落入寂寥的深渊。

从何时开始，烦恼对自己不离不弃。苦闷的日子让三毛对物质生出了诱惑。她去了一家大百货公司，为了两百美元，卖了十天香水。这十天里，三毛将自己打扮成了一位风情典雅的东方女性。看着自己美丽的容颜，她觉得，女人有时候真该好好地爱自己。

每当看到那些来买香水的贵妇人一掷千金的模样，三毛的心竟无比落寞。璀璨的街灯，炫目的商品，多少人为了金钱迷失心性。饱满的生活，让他们时常忘记自己的初衷。三毛不希望有一天用欲望来惩罚自己。华丽的物质永远无法代替心灵的富庶。

拿到两百美元的三毛，在百货公司里挑选那些平日渴望得到的东西，却一件也不舍得买。她依旧喝白水，吃面包，过着清苦拮据的日子。仿佛只有这样，才可以让自己心安，不至于陷入奢华的深渊。对物质，三毛可以理性相待，但遇到感情，她不能收放自如。

后来，德国男友约根进了外交部做事，实现了他当一名外交官的理想。有一天，三毛和约根携手去逛百货公司，约根买下了一条双人床单。之后，三毛就再也不肯说一句话，她的内心有一种莫名的压抑和委屈。约根看到她含泪的双眼，明白了她的心思，于是回到百货公司退了床单。

割舍双人床单，他落下了眼泪。因为他知道，这意味着他们的爱情终是无果。

一年后，三毛和约根挥手道别，独自飞往美国。而这个痴情的男子足足等了三毛二十多年。看似洒脱的三毛，其实心底又多了一处不为人知的暗伤。

欠下的这段情债，今生也没有偿还。

风雨归来

许多过尽千帆的人认为，有时候爱情并不重要。只要彼此在一起，有个依靠，安度流年，未尝不是一种幸福。

一个人在旅途的路上走得久了，会忘记自己从哪里来，又将到哪里去。知道最初的相逢，却无法预见最后的相别。

以往只觉得人生苦短，切莫留下太多的缺憾，所以步步惊心。哪怕是寻常的景致，平凡的情感，也用心相待。后来行年渐晚，方知人间万事不可强求。看惯了日月流逝，离合变迁，倒有了随意的心情、从容的境界。

那时候，总以为三毛的流浪与任何人无关。她像沙漠中一株骄傲又卑微的小草，倔强地独活。她从来不会真正为谁奔走，亦不会真正为谁止步，她只为她的心。如今再读三毛，仿佛又不是这般模样。她太随性，太放纵，她视今生的相遇都为前世宿因。她的行走，仿佛在赶赴一场又一场的约定，到最后又亲手埋葬了所有的情感。

三毛离开了德国，来到美国。她在美国芝加哥城的伊利诺伊大学，申请到一个主修陶瓷的学习机会。这一年，三毛二十八岁。她不知道自己在寻找什么。离开德国男友约根，是因为自己的情感世界再也不能为他留有一席之地了。她期待一场心之所系的遇合，如此，方不辜负沧海桑田的历程。

一只皮箱，是她全部的行囊。天涯辗转，三毛早已无惧尘世风雨，亦不抗拒百态人生。往日那个只有一扇窗、一片风景的女孩，早已被流年冲散。在这繁华的异国他乡，辽阔的天地，她依旧可以一个人做梦，依旧年轻。

三毛深知生活的艰辛，珍惜金钱。她觉得钱也许不用太看重，但一定要珍惜它。所以她来到美国，最开始做的事就是找一份工作，可以养活自己。几年漂泊，对家人深感愧疚，她希望自己可以像云彩一般，来去自如，无有牵挂。

三毛在伊利诺伊大学法律系图书馆负责英、美、法各国书籍的分类工作。工作于她只是用来谋生，所以她从来不觉得需要投注太多感情。她能做的，就是尽量付出劳动，换取该得的报酬。据说，她第一天上班就闹了笑话，在两百本书页上，盖了两百枚错误的图章。日期是：十月三十六日。

三毛在美国的堂兄有一位中国好友，也在伊利诺伊大学，读化学博士。三毛的堂兄托付这位博士，请他务必照顾好孤零零的堂妹。从此，这位善良淳厚的博士对三毛关怀备至。

"每天中午休息时间，总是堂哥的好同学，准时送来一个纸口袋，里面放着一块丰富的三明治、一只白水煮蛋、一枚水果。"可见，博士是一位细心温雅的男人。在这个陌生的都市，有一个男子对自己这般关照。孤独善感的三毛又怎能无动于衷？

曾经的三毛做过感情的失败者。当年她因为失恋，被迫远走他乡。可为何这几年在国外，她竟成了骄傲的女神？那么多男子，愿意做她裙摆下的草木，而她始终不肯为任何人，惊艳倾城。

这只折翅的青蝴蝶，还无法找到她可以栖身的归宿。三毛是那种能够轻易感动，却不肯将就的女子。她要的情感，应该是相看两不厌；她追寻的对象，应该是她愿意为之低眉，为之卑微的男人。那些打身边拂过的绿叶，终究是云烟。

三毛知道这位中国博士的心意，但她不说。她让自己坦然地接受他的关爱。她觉得，有些话说出来反而是伤害。可他终究还是说出口了："现在我照顾你，等哪一天你肯开始，下厨房煮饭给我和我们的孩子吃呢？"

这实在是一句不该轻易说出口的话。在三毛心里，只甘愿为一个男子洗手做羹汤，那就是初恋情人舒凡。但物是人非，她亦丢失了当年的心境。就算有一天舒凡再来寻她，她也是不肯回头了。三毛想起在西班牙，那个叫荷西的男孩说的话，愿意许她一生安稳。

三毛的堂哥一心想做这个牵红线的月下老人，多次打电话，希望三毛不要错过这位优秀踏实的男人。当时，爱慕那位博士的女同学亦有许多，可他偏生钟情于三毛。这世上，最难诠释的就是情感，人与人之间的因缘际遇，谁也做不得主。

三毛自知他是不可多得的男子，亦找不出他不好的理由。但要她妥协于心中不情愿的事，于她是那般委屈感伤。每当这时候，她做不到用语言去搪塞，只能落泪。爱情是两个人的事，其中任何一个人，有丝毫的不悦，在一起都不会幸福。

许多过尽千帆的人认为，有时候爱情并不重要，只要彼此在一起，有个依靠，安度流年，未尝不是一种幸福。世间俗子或许尚可如此，三毛的心性却难以迁就。她追求一份极致，一种心甘情愿。其实她要的并不多，只不过是两情相悦，地久天长。可爱情总是那般吝啬，不肯轻易将幸福交付众生。

"心里为什么好像死掉一样。"面对他们的求婚，三毛是如此心情。她觉得自己的心像死掉一般寂静，没有波澜。人世熙攘，风景万千，那么多红绿男女，那么炽热地爱着。她实在不该，不该独醒。

有一天，三毛告诉博士，明日可以不必再送东西来了。因为她要离开美国，回故乡台湾。有些情，迟早会了断。有些人，注定要辜负。

机场的依依送别，让人心生酸楚。博士依旧痴心地对三毛说："我们结婚好吗？你回去，我等放假就去台湾。"其实他心明如镜，这个女子只要一转身，就将与他从此天涯相隔。莫说是共结连理，以后山遥水远，能否相见都难以预料。

三毛不语，以沉默代替她的心情。转身的那一瞬，她为他理了理大衣的领子，无意将他伤害，但终究还是有些疼痛。放下爱恨，拎上行囊，归去故乡。多年前，她在那里种下了梦，不知道是否已经开花结果。

五年，这个城市依旧那么年轻，只更换了一点点容颜。而父母的两鬓却新添了几缕白发。他们看着远归的女儿，与几年前相比，成熟而沉静，心中难免悲喜交加。这个当年为情逃离的女孩，早已学会努力珍爱自己。

三毛，一个带着荣誉归国的学子，凭着歌德学院的德文学业毕业证书，回到母校台湾中国文化学院，当了一名德文老师。后来台北好几所学校都留下了三毛教书的身影。

一日，三毛闲坐家中写作。有一位西班牙的朋友来访，他带来了荷西的消息。荷西托他转交了一张相片和一封书信。相片上，一个留着大胡子的男子，穿着泳裤，在海滩抓鱼。他健硕魁梧，三毛说他是希腊神话里的海神。

信是这么写的："……我要告诉你一个秘密，在我十八岁那个下雪的晚上，你告诉我，你不再见我了，你知道那个少年伏枕流了一夜的泪，想要自杀？这么多年来，你还记得我吗？我和你约的期限是六年。"

这个痴情的海神，正是当年西班牙的大男孩荷西。悠悠岁月，一晃六年。三毛几乎已经忘记荷西当年许下的六年之约。如今手捧照片，让她想起了那个分别的雪夜。那个一转身、一回眸的少年，对她的爱，真的还一如既往吗？

三毛没有回信，只让朋友捎去了她淡淡的谢意和祝福。六年前，她拒绝了荷西，六年后，她依旧不能赴约。在三毛的心里，认为这是一场必输的赌局。她输不起。

雨季不再来。可台北的雨，似乎总是在无意的日子里纷纷飘落。这座熟悉的城会让她情不自禁地想起许多。台北武昌街一段七号，有一间明星咖啡屋，曾经有过三毛美好的记忆。这里是三毛和初恋情人舒凡以及一些文友聚会的地方。

漂泊几年的三毛来到这里，只是想品一杯咖啡，重温昨天的故事。然而，在这间久违的咖啡屋，没有和故人重逢，却有了另一场美丽又悲情的邂逅。这是三毛生命中一段必经的路程，她终究逃不过宿命的情劫。

"漂流过的人，在行为上应该有些长进，没想到又遇感情重创，一次是阴沟里翻船，败得又要寻死。那几个月的日子，不是父母强拉着，总是不会回头了，现在回想起来，塞翁失马焉知非福，没有遗恨，只幸当时还是父母张开手臂，替我挡住了狂风暴雨。"

这是三毛后来写下的话。到底是怎样的感情，让她伤得一败涂地？又是怎样的男子，将她打劫一空？趁故事还不曾讲述之时，且喝一杯叫回忆的咖啡，听一场叫往事的烟雨。

遭遇情劫

有一种人，生来就只适合漂泊。只有远离故土，才可以春风满面。三毛就是这种人，行走成了她此生的信仰。

佛经云："万般带不走，唯有业随身。"其意为，世间万般功贵荣辱，终是烟云，有一天离尘而去，这些都无法带走。但所有的业债，不论经历几世，皆会紧紧相随。

寥寥数笔，可以道尽一个人的沧海桑田，而那个辛苦的过程，需要自己承担。三毛始终认为，她这一生所历的情劫，必是前生的宿债。这个看似洒脱、随性的女子，其实也有伤不起的时候。

那一天的咖啡馆宾客如云，有一个男子和三毛共坐一张桌子。就是这个留着长发、衣着新潮而凌乱的清瘦男子，给三毛带来了一场感情的灾难。

他是一个落魄的画家，出于对艺术的喜爱，三毛去了他的画室。这位画家的画，实在不能算是多么伟大的艺术作品，三毛却喜爱至极，认为每幅画都属上乘之作。她觉得，总有一天，千里马会遇见赏识他的伯乐的。

一位潦倒的艺术家，偶然邂逅了一位欣赏他的才女，必然心生感激。他觉得，三毛是上苍派来拯救他灵魂的女神，他愿意用生命来为她创作。感性的三毛，冲动的三毛，就这样莫名答应了画家的求婚。明星咖啡屋，见证了他们这段仓促的爱情。

家人并不赞成三毛和画家的婚事，他们始终觉得，画家的人品不够端正，认为三毛可以先谈恋爱，不要这么快与他谈婚论嫁。倔强的三毛在感情上从来听不进别人的劝解。她中了爱情的蛊、艺术的蛊，她说只要两个人相爱，一切问题都会迎刃而解。

也许我们不明白，当初三毛拒绝了荷西，拒绝了日本男友、德国男友以及那么多人的求爱，为何偏偏就轻易把自己许给了这位画家？是她真的爱到难以自持，还是她只是想成全艺术？这个为灵魂而活的女子，我们永远不知道，她人生的路程会以何种方式走完。

可惜事与愿违，那个对她许诺海誓山盟的画家早已有了妻室。他是一个名副其实的爱情骗子，他用艺术骗取了三毛的同情。为了息事宁人，三毛的父亲陈嗣庆送给了画家一大笔钱，只希望尽快化解女儿这场不幸的悲剧。

丢失爱情，三毛已是心痛难当。连累父母，三毛更是自责不已。接连几个月，三毛一蹶不振，她的心伤，带着挫败与绝望。而父母为了拯救这个女儿，倾尽所有的爱，为她挡下风风雨雨。为了父母，三毛终于醒悟过来，忘掉了那段被诅咒的爱情，重新开始新的生活。

三毛的遭遇，确实令人心酸。命运并非有意捉弄她，只是随性的三毛不小心走了岔路。多年后，她说塞翁失马，焉知非福，也算是对坎坷人生的宽容吧。可她的宽容，未必可以换来岁月的仁慈。时间像一个温柔又锐利的挑战者，到最后我们都不战而降。

　　喜爱运动的陈嗣庆，为了让女儿尽快走出情感的阴霾，鼓励三毛去打网球，希望受尽波折的三毛，可以沐浴在阳光下，于新的世界里灿烂地生活。却不知用心营造的情境，也是一场劫数，在等着这位多灾多难的才女。

　　三毛和父亲一起认识了一位德国教师。这位德国教师四十五岁，高大挺拔，温文尔雅。三毛和德国教师有了几次交流，他对她温和体贴，细致入微。之后，这位成熟的中年男人对充满风情而有韵味的三毛生出了爱慕之心。

　　和他在一起，三毛感受到了从未有过的平静与安宁。他似乎从不用言语来表达什么，却总能在相处时表露出他的款款情意。他知道这位年轻的女子经受过感情的伤害，所以他希望用温柔的感情渐渐抚平她内心深处的伤痕。

　　三毛和他之间有了一种只可意会，不可言传的默契。她觉得，他是一个尝过世味，懂得爱情的男人。和他相处，三毛觉得不必冒险，不必担忧会有情感的背叛。也许日子有些平淡，但宁静如秋水长天。曾经那个迷恋漂泊的三毛，如今却渴望过上安稳的生活，和一个值得依靠的男人平凡厮守。

有一夜，三毛和这个德国教师在璀璨的星空下漫步。他突然停下来，对三毛说："我们结婚好吗？"话语温柔，神情凝重。

"好。"三毛不假思索，自然而平静地答应他。也许三毛太累了，情感这条路，她走了太久，也走得太曲折。她不想再给自己丝毫放纵的机会，她愿意为这个年过不惑的男人驻足。至少这一刻，她无悔。

这个经历过情感的德国教师却湿润了双眼。不承想，在这个年岁，还可以找到一位年轻多才的如花美眷。他们的爱情总算有了归宿。

也许很多人不明白，三毛在刚结束一段感情之后，为什么用这么短的时间又可以重新和一个人谈情说爱。她的心如何能够容纳澎湃情感。或许，她自己亦不明白，上苍为何给了她一颗如此善感的心。正因她的感性，才会写出那么多惊世的文章。

三毛曾说过，文章千古事，不是如她这芥草一般的小人物所能挑得起来的。她写字，为了取悦父母，亦是自己兴致所在，将个人的生活做了一个记录而已。可她自身就是一个传奇，她的情感，她走过的地方，于是成了许多人穷尽一生的向往。

她注定是个传奇，而成为传奇必然要付出代价。这对恋人满心欢喜地去印名片，希望把两个人的名字排在一起，如同并蒂莲、连理枝那般，不言别离。他们特意挑选了薄木的材质，一面印中文，一面印德文。

说好了半个月之后去拿名片的。可十七年以后，三毛回忆此事："那盒名片直到今天还没有去拿。"三毛这一生都不会去拿了，因为这对情侣就在订好名片的当晚，劳燕分飞，永不相见。

世上再没有比生离死别更痛苦的事了。那晚，素日身体健康的德国教师，突然因心脏病病发猝死。这个让她心甘情愿决意要嫁的男人，居然就这么走了，没有留下任何话语，死在她的怀里，让她今生今世只要一合上眼，都会想起那悲伤的一幕。

生生死死，聚聚散散，真真假假，如同一场戏。或许是因为这过于曲折的戏，才让不凡的三毛在此后的人生舞台上担任了主角。可谁又知道，演过这场生死之别，她是否还能够平静地走出来。如果是戏，三毛入戏太深。当她看到所爱的人被装入棺木，心里已是一片血泪模糊。

爱情原来就是一个局，当你付出一切，它却不留退路给你。三毛已经不能原谅上苍对她所开的玩笑，几段情感让她精疲力竭。德国教师过世不久，三毛在悲恸欲绝的情绪之中，选择了服药自杀。所幸有惊无险，三毛度过了这一劫数，重回人间。

这个女子总要以一种极端的方式结束自己。看似坚定自傲的她，其实一直在懦弱地逃避，她认输了。让自己像秋叶一样死亡，或许可以了断所有的痛苦。但她的使命还未完成，有一段长长的幸福，行将弥补她过往所有的不幸。

痛过之后，三毛在死亡的边缘，重新找回了自己。后来，她在心里挖了一个坑，把德国教师深深地掩埋。他的死，在三毛的心中留下了永远的记忆。或许他并不是足够好，或许婚后他们亦不会那么幸福。但他死在三毛的怀里，让爱情有了悲伤的美感。

台北对三毛来说，实在算不上一个祥和之地。她把自己最美的年华、最真的爱情，都交给了这座美丽的海岛。可那些屈辱、自闭的过往，以及丧失至爱的悲恸，令她不堪回首。也许她的人生注定流浪，只有在行走中，才能够获取平安。

三毛想起了西班牙，那个自由奔放的国度。那里曾经治愈了她的情伤，让她找回了自信与快乐。午夜梦回，她开始思念那个国，思念小白房子、牧歌，还有一望无际的葡萄园。在那里可以抽烟，可以拿着酒袋，与人交杯换盏。

做一只蝴蝶吧，一只飞渡沧海的蝶，让自己远离痛苦，去寻找自由与激情。也许有一天，她会倒在远行的路上；也许有一天，她会亲手埋葬自己。这一切都不重要。

收拾行囊，父母没有像她初次离家时那样担忧。反而希望她可以换一个环境，忘掉这一年多的悲惨遭遇，快乐坚强地活着。原来，爱到深处是放手。

有一种人，生来就只适合漂泊。只有远离故土，才可以春风满面。三毛就是这种人，行走成了她此生的信仰。告别台北，这位多情才女刻不容缓地选择起程，选择流浪。

久别重逢

骄傲的爱情不会为任何人转变它的决定。你爱到魂牵梦萦的人，却总是擦肩而过。你以为天各一方的人，却缘定三生。

不要问我从哪里来

我的故乡在远方

为什么流浪

流浪远方，流浪

为了天空飞翔的小鸟

为了山间轻流的小溪

为了宽阔的草原

流浪远方，流浪

还有，还有

为了梦中的橄榄树，橄榄树

不要问我从哪里来

我的故乡在远方

…………

一首《橄榄树》，由三毛作词，李泰祥谱曲，齐豫演唱。一时间风靡港台，直至整个东南亚，得以经久不衰。这首歌是三毛回到台北时写的。不久后，她再次远离故乡，流浪远方。齐豫的歌声，就这样跟随三毛的步履，唱遍天涯。

人在旅途中总会遇到许多不称心如意的事。三毛这次远行便遭遇了一件不顺心的事。由于从香港订飞机票不慎，她抵达伦敦机场后，需要到另一个机场换机，才能飞往终点西班牙。三毛去签证出境，被英国移民局疑为非法移民，后被送进了拘留所。

这是三毛今生唯一一次进拘留所。平日里不肯多言的三毛，这一次却把压抑在内心的悲愤全部释放了出来。一会儿冲进拘留所办公室里吵嚷着评理，一会儿要求找律师来，要控告移民局，一会儿又揪住门口警卫的衣领叫别人立即放她走，把整个拘留所折腾得天翻地覆。

最终三毛被无罪开释。等移民局用车把她送上飞机时，她恍若换了一个人，变成了一个贞静大方有涵养的淑女。转身时，还对他们回眸嫣然一笑。此时的三毛已是一个尝尽了苦难，看惯了世事的女子。多年的漂泊、阅历，让她早已能够从容应付一些突如其来的事件。

一个人唯有经历万般磨砺，才可以做到百折不挠。三毛一路行走，一路负伤，又一路自疗，她的承受力和忍耐力已经超越了自己的想象。她不知道这世上还有什么比死别更令人心痛和绝望的了。如果人生这场修行，她注定是败者，有一天她亦要学会淡然超脱。

年近三十的三毛再次来到西班牙马德里。春秋更替，云水潇湘，岁月更改了我们的容颜，也改变了初时的心境。三毛说："二到马德里，心情和第一次完全不一样，不仅没有离乡背井的伤感，想家的哀愁，反而有一份归乡的喜悦和辛酸。"

这一次，三毛同样是过来疗伤的，却有了成熟的心境。她明白，任何作茧自缚，都是对自己的惩罚。唯有对命运宽容，才是对自己慈悲。有了人生积淀的三毛，不再做思想的囚徒，她要让自己享受生活，轻松度日。

刚到西班牙，三毛先要考虑的，就是如何让自己暂时安定下来。她找了几份家教工作，教授英文，闲时还给《实业世界》杂志写稿。尽管薪水不高，但也足够一个人生活。

三毛跟三个西班牙女孩合租了一间宽敞舒适的公寓。这三个女孩个性爽朗，时常拉上三毛去逛旧货商场，看电影，到学生区唱歌、喝葡萄酒。她们在一起尽情地享受青春恩赐的美丽。

马德里的冬夜，星光璀璨，明净如水。三毛学会了打扮自己，乌黑齐肩的长发，披着大衣，戴着耳环，明眸闪烁。这位美丽非凡、华贵风情的东方女子，不知道赢得了多少人赞赏的目光。

马德里的确是一个疗伤的好地方。这座自由奔放的城，从来不会追问你的前尘过往，不会在乎你的身份地位。它平和仁慈地对待每一个来者，包容你的错误，成全你的梦想。三毛在这里重新收获了快乐。她过得轻松自在，无须担心会遭遇感情的伤害，不必忧虑会误入迷途。

或许正是因为她以一个过客的身份，不问来处，不问归期，才能够如此从容相待。这里不是故乡，没有她真正需要在乎的人，也没有她挚爱的事业。这只蝴蝶被西班牙的时光养好了伤，长出了新的羽翼。她快乐地活着，那些台北的人和事，仿佛已是前生。

就在三毛恣意纵情、享受人生之时，那个叫荷西的男子正在军营里，服最后一个月的兵役。只有夜深人静，独自坐下来的时候，三毛才会想起荷西。她从来都没有想过，会和这个比她小八岁的男孩有情感的交集。那个关于六年的承诺，像马德里冬夜的飞雪，在晨曦的暖阳里，逐渐融化。

因为从没有觉得他会一直守候，所以对他不曾有过等待和企盼。六年过去了，荷西对三毛的爱有增无减。也许我们真的很难想象，当初遭遇了三毛的拒绝，荷西真的可以做到用六年时间默默相守。六年，他只是固执地爱着，没有惊扰她的生活，亦不管她是否嫁作人妇。他坚定地等待，只为了兑现当初的诺言。

有一天，三毛来到一位中国朋友家。楼下院子里有一个漂亮的女孩对她招手，唤她的名字。这个女孩叫伊丝帖，她是荷西的妹妹。一直以来，这个西班牙小姑娘懂得哥哥的心思。所以当她遇见三毛，就决意要做这个红娘，希望哥哥可以早日梦想成真。

伊丝帖缠着三毛，请求她给哥哥荷西写一封信。三毛不好过分推辞，仓促之余，亦不知信里该说些什么，便用英文简单地写了："荷西，我回来了。我是Echo。"并且留下了她的地址。

多年前，一个叫荷西的男孩也曾与她度过了一段快乐的时光。在三毛心底，这是一份纯真的友情。她曾千万遍想过，自己所爱的男子，会有哪些模样。但没有一个是荷西，因为三毛始终认为，他给不起她要的爱情。

骄傲的爱情不会为任何人转变它的决定。你爱到魂牵梦萦的人，却总是擦肩而过。你以为天各一方的人，却缘定三生。真正爱一个人，只有默默地等候，祝福。除此之外，或许别无他法了。

荷西收到三毛的来信，惊喜万分。这些年他唯一能够做的，就是从三毛的中国朋友那儿，得到一些与她相关的消息。每天，他都在期盼自己可以快点长大，有能力给三毛一个安稳的家。不承想，这位他深爱了六年的女子，居然会再次来到西班牙。无论她为谁而来，经过六年漫长的等待，荷西再不会轻易让她离开。

荷西匆匆回信，告诉三毛他的归期，又从妹妹伊丝帖那里问来三毛的电话。他拨响了那个号码，听到了久违的声音。他激动得几乎有些语无伦次，他请求三毛，一定，一定要等他归来。他怕六年的等候会是一场虚空。他输得起时间，却输不起爱情。

但三毛依旧那么漫不经心。她把荷西归来的日子给忘记了。那天，三毛到山区的小镇玩到天黑才回公寓。室友说，有人打了十几个电话找她。三毛猜了许久，始终没有想到荷西。这时又来了一个电话，是往日马德里大学的一个女友，请三毛立刻到她家里去。

不容三毛问清缘由，对方就挂断了电话。当三毛坐上计程车匆匆赶到时，女友把她接进了客厅。之后又神秘地要她闭上眼睛，此刻的三毛如何也想不到，接下来会有一幕怎样的惊喜。

"当我闭上眼睛，听到有一个脚步声向我走来，接着就听到

那位太太说她要出去了，但要我仍闭着眼睛。突然，背后一双手
臂将我拥抱了起来，我打了个寒颤，眼睛一张开就看到荷西站在
我眼前，我兴奋得尖叫起来，那天我正巧穿着一条曳地长裙，他
穿的是一件枣红色的套头毛衣。他揽着我兜圈子，长裙飞了起
来，我尖叫着不停地捶打着他，又忍不住捧住他的脸亲他。站在
客厅外的人，都开怀地大笑着，因为大家都知道，我和荷西虽不
是男女朋友，感情却好得很。"

原以为不在意，却想不到会这般欢喜。毕竟久别重逢，六年
后再遇故人，三毛真的无法不激动。荷西长大了，留着满脸的胡
须，他不再是那个在宿舍楼下痴等她的怯懦少年了。六年，荷西
只不过经历了从男孩成长为男人的过程，但他毕竟也等老了岁
月。而三毛已是粉身碎骨，重新为人了。

三毛曾经跟荷西说过永别，今生今世都不要相见，可命运又
将他带至她的身边。她没有失而复得的感觉，却有种酸楚的慰
藉。但她依旧不敢对眼前这个男人生出任何的幻想。尽管从他的
眼神里读出了坚定，也看到了爱情。旧伤初愈的三毛，不敢再轻
易把情感押注在某个人的身上。

那些经历过的感情，她不能假装没有发生过。那些爱过的

人，她不能刻意去忘记。三毛不知道，这场重逢将会给她的人生安排怎样的剧情。

马德里的夜空，像洗过一般洁净。寥廓星空里，那么多闪烁的星子，不知道哪一颗是自己，哪一颗是她生死相依的人。

第四卷 ◎ 前世乡愁撒哈拉

——你是锦瑟——我为流年——

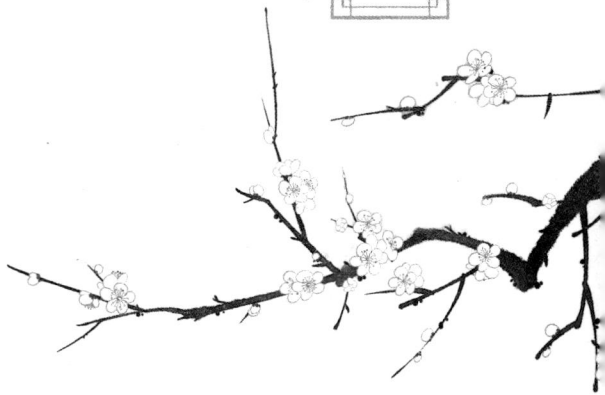

前世乡愁

> 苍茫人间每一个荒芜的角落，都有生命和奇迹。只要你有一颗辽阔的心，有博大的襟怀，就可以抵达任何想去的地方，创造梦的神奇。

多想喝一壶清淡的茶，不论暖和凉，品味半世的沧桑。多想写一封简洁的信，不留名和姓，寄去未知的天涯。多想爱一个平静的人，不问对与错，偕老乱世的红尘。

三毛深知，与荷西重逢，必有一段她无法预测的因果。荷西真的长大了，他告诉三毛，这世上他只执着于两件事：一是对三毛永不变心的爱，还有就是他对大海深沉的爱。他爱潜水，喜欢在海底和鱼儿嬉戏，喜欢在水中历险，寻找奇遇。他爱大自然的一切生物，并且对天文、星象亦充满了好奇。

三毛突然觉得，原来荷西跟她这般相似。他们都是热爱自由，热衷于幻想的人，不愿意和一切繁复妥协。和以往的那些男友在一起时，总是谈论文学、艺术、哲学，以及许多深刻的人生话题。那些高雅与超脱，是三毛一生追求的主题。可与荷西在一起时，他们从不涉及这些话题。

荷西天性浑厚，淳朴简单，三毛觉得比起那些整日追思、探索的人，他反而有了更高的悟性，有着更难能可贵的超然。三毛所缺乏的恰好是这份朴素，她太注重文学内蕴，在意人生价值。她开始喜欢与荷西在一起的时光，并且依赖这个能让她自由呼吸的男人。

那日两人在公园散步，三毛为了一篇即将要交的稿子而苦思冥想，眉头不展。荷西不解，指着在阳光下忙碌修剪树枝的园丁，对三毛说，他宁愿做一个普通的园丁，每天可以呼吸大自然清新的空气，在阳光雨露下劳作，也不愿意关在不见天日的办公室里，和枯燥乏味的文件交流。

三毛听后似乎有所醒悟，觉得人生不必太过认真，任何让自己感到束缚的人和事，都是累赘。当晚三毛就写信给编辑，取消那篇约稿，她希望自己以后写自己想写的字，过自己想过的生活。简单憨厚的荷西让三毛在不经意间改变了许多，心境也开阔了许多。

最让三毛感动的，应该是那个落日熔金、暮云合璧的黄昏。荷西邀请三毛去他家，当三毛走进他的房间时，被震撼了——"我抬头一看，整面墙上都贴满了我发了黄的放大黑白照片，照片上，剪短发的我正印在百叶窗透过来的一道道的光纹下。看了那一张张照片，我沉默了很久……"

六年了，这六年，三毛和荷西没有联系，没有交集。她不明白，为什么自己的照片会挂在荷西的墙壁上，会这样深刻地走进他的心里。原来，每次三毛寄相片给在西班牙的中国朋友徐伯伯，荷西就去他家把照片偷出来，送到相馆翻拍放大，再将原相片悄悄送回去。如此费尽心思，只为了可以守护至爱的女子，把她融进自己的生命。

荷西对三毛的痴心令他的家人十分不解。他们觉得荷西得了痴想病，如何对一个今生恐再不会相见的人用情至深。可荷西执意说，三毛是他此生唯一的爱。无论将来见与不见，他都要将这份爱进行到底。

三毛从来不知道，荷西对她竟是如此真心。难道当初对他的拒绝，就是为这六年的深情做一次见证吗？可六年光阴，她输掉了一切筹码，青春、爱情以及对生活的美好想象。虽说往事已灰飞烟灭，但终究不能回首。一回首，落红遍野，惊心触目。

"你是不是还想结婚？"诧异许久的三毛转身问荷西。她不知道，自己为何会问出这样的话。是想对所有的疑惑做出肯定，还是想重新审视命运的安排？反倒是荷西，被三毛这突如其来的问话惊住了，因为他几乎不相信，当初与她诀别的女子，竟有回心转意的想法。或许，等待已经成为一种习惯，他以为幸福不该，也不会来得这么急。

只这一瞬，三毛内心澎湃，她再也无法在他的面前那么平静，那么冷漠，她哭了。荷西不能容许三毛再次从身边走失。他坚定地告诉三毛，这六年，他是靠一个等待，一个约定，辛苦地活下来的。倘若她再度转身，他不知道，自己是否还能微笑地挥手，许诺明天。

"你那时为什么不要我？如果那时候你坚持要我的话，我还是一个好好的人，今天回来，心已经碎了。"当初，假如有错，就错在他们都过于懦弱。三毛不肯把一生轻易托付给一个高三的男孩，而荷西亦不能从容地把她娶回家。六年的时光成了这段爱情必经的路程。

可她分明回来了，他分明还在这里守候。一颗支离破碎的心，想要恢复到天衣无缝，自是不能。但谁的人生不曾被割伤，只要还能呼吸，还有感觉，一切就能够重来。人生几十载春秋，感情亦可以如繁花般开了又落，落了又开。只要遇到值得付出真心的人，任何时候都可以相守。

荷西说，他愿意用自己金子般的心，换三毛破碎的心。只是，心真的可以交换吗？这不是一场华丽的爱情演出，也没有刻意在六年后重逢，一切都是天意。三毛问，这样的爱，是不是太迟？可爱情没有早晚，只当昨天已死，便可尽情拥有今日。

三毛终究不肯这么快许诺荷西明天。她暂时还不想结婚，因为在她内心深处，还有一个浪漫美丽的愿望没有实现，那就是去与西班牙有一水之隔的撒哈拉沙漠。三毛曾经偶然在美国出版的《国家地理杂志》上看到过一篇关于撒哈拉沙漠的报道。熔金的落日，倾斜在漫漫无垠的沙漠上。这个印象，刻在她记忆深处，像生了根，她总会想起。

"我只看了一遍，我不能解释的，属于前世回忆似的乡愁，就莫名其妙，毫无保留地交给了那一片陌生的大地。"这是三毛说的话，在她心底，认定撒哈拉沙漠是她前世的乡愁。三毛去撒哈拉，不是为了做那个横穿沙漠的女探险家，而是为了内心难了的乡愁，前世的情结。她愿意把自己交付那一片荒凉的土地，不惧尘沙飞扬，风声四起。

三毛不知道，正是撒哈拉沙漠成就了她一生的传奇。她向世人证明了，苍茫人间每一个荒芜的角落，都有生命和奇迹。只要你有一颗辽阔的心，有博大的襟怀，就可以抵达任何想去的地方，创造梦的神奇。

后来，无论是去过，还是不曾去过撒哈拉的人，都记住了这个叫三毛的女子。她的足迹留在了撒哈拉，一起留下的，还有她的梦想、爱情以及信仰。她给我们讲述了太多真实的故事，她将自己推入险境，以柔情脱身。

而荷西也有一个心愿，就是邀几个朋友，远航到希腊的爱琴海。此生除了三毛，唯有大海让荷西眷念不舍。自然，荷西的远航离不了三毛，他给三毛安排的事情是，做水手们的厨娘和摄影师。

爱琴海，那是一个充满了传说与梦幻的地方，有湮没千年的爱琴故事，有蔚蓝幽深的风景。三毛亦希望可以走进那个古希腊王国，听海浪诉说神奇的故事，做一个在岸边长久徘徊吟哦的诗人。

撒哈拉和爱琴海，两种截然不同的风景，却有着相同的境界。三毛和荷西都是向往大自然、渴望放逐的人。他们渴望远离车马喧嚣，愿意放弃都市繁华，去追寻远古的历史，唤醒沉睡的文明，寻找自身存在的价值。

沙漠与海洋，三毛都想去尝试。但春花秋月，两者不可兼得。为了前世的乡愁，三毛只能割舍希腊神话，海的风情。三毛把自己的选择告诉了荷西，她要独自去撒哈拉沙漠，去那里住上一年半载，甚至更久。

一个女人独闯荒沙大漠，她的勇气让荷西深深敬佩。之前，三毛曾一度告诉父亲，她想去撒哈拉旅行，亦得到过父亲的赞同和支持。父亲一生爱运动，却没有真正远游过。三毛觉得，她穿越万里风沙，是为解前世乡愁，也是帮父亲圆梦。

她需要荷西的纵容，不是她自私，她觉得自己不再年轻，她不想继续等待。三毛想好了，无论荷西是否追随，她都要去。原本就做好了孤身上路的准备，倘若现在有一个人愿与她风雨兼程，自是极好。如若不能，亦不会有多少遗憾。因为，每个人在圆梦之前，都是孤独的。她可以忘记自己，却不能忘记梦。

荷西亦面临了人生重要的抉择，跟随三毛，就要放弃海洋；选择海洋，就要抛掷三毛。但他比谁都明白，什么才是自己最想拥有的。他深知三毛的决心，亦知爱她就要成全她的一切，包容她的所有。

触手可及的爱情，不容许他再有片刻的犹豫。荷西从容地做出了选择，为所爱的人，做任何的付出，都是甘愿，都是快乐。他的决定，改变了三毛一生的命运。

三毛不知道，在前世的故乡，有一段幸福在将她等待；不知道，她今生的传奇，是从一粒尘沙的故事里开始撰写。

大漠之旅

　　她就像沙漠中那株最有生命力的草，用她的热烈，她的优雅，感染着众生，将我们的灵魂带至沙漠，让心投宿在荒寒的驿站。

　　一沙一世界，一花一天堂。人间最美的莫过于草木丛林、山石微尘、湖海烟波。一物一数，一尘一劫，芸芸众生，各持一心。

　　繁华盛世，我们都在孤单地行走。背着一个不肯醒来的梦，以及一些善意的谎言，那么匆忙地去赶赴约定的前缘，品尝人生的滋味。浮生一场，山水几程，直到暮色四合，烟云收卷，才算是行将结束今世的旅程。

三毛，一个一意孤行的倔强女子，知道人生苦短，不可任意蹉跎，所以她已经迫不及待要去沙漠。尽管在别人看来，她的沙漠之旅是看破红尘，自我放逐。但三毛从来不在乎别人的看法，哪怕举目四望，旷野中只有她一人，亦是无悔。

但有那么一个人，默默地收拾行囊，先去了沙漠，并且在一家磷矿公司找好了工作。他急于安定，只为了等三毛到来，可以好好地照顾她。这个人就是荷西。一个为了爱情甘愿放弃自己的理想，去沙漠里承受风霜苦楚的男人。

当收到荷西从沙漠寄来的信时，三毛被他的深情感动到落泪。她心里已经决定，要跟他天涯海角一辈子流浪下去。但三毛还是回信说："你实在不必为了我去沙漠里受苦，况且我就是去了，大半时间也会在各处旅行，无法常常见到你。"

"我想得很清楚，要留住你在我身边，只有跟你结婚，要不然我的心永远不能减去这份痛楚的感觉。我们夏天结婚好吗？"荷西的回信让三毛再也没有任何顾虑，她结束了在马德里的一切琐事，没有和谁告别。临走时，给同租房子的三个西班牙女友留下了信和房租，就这样，向未知又令她充满渴望的沙漠奔去。

三毛当初去沙漠，为的只是自己，后来时间久了，又是为荷西。她这半世，漂流过许多国家，看过太多的风土人情，有感动，亦深受其影响。但她始终不能在一个固定的地方将心彻底留下来。她就是这样的一个女子，仿佛总是脱离众生，做出许多自己都无法用言语解释的事情。

三毛下了飞机，来到一个叫阿雍的小镇。撒哈拉沙漠，这梦里的情人，三毛与它初次相逢，写下了一段美丽的话："我举目望去，无际的黄沙上有寂寞的大风呜咽地吹过，天是高的，地是沉厚雄壮而安静的。正是黄昏，落日将沙漠染成鲜血的红色，凄艳恐怖。近乎初冬的气候，在原本期待着炎热烈日的心情下，大地化转为一片诗意的苍凉。"

但愿这个沙漠可以原谅她的迟来，用宽阔的襟怀，容纳她的梦想。她见到了分别三个月的荷西。三个月，三毛打量着被风沙侵蚀的荷西。他的头发和胡子，都布满了黄尘，嘴唇干裂，双手粗糙。三毛诧异，沙漠竟可以在如此短的时间，将一个人改变成这般模样。

她的心痛了，这片土地让她感触得不能自已。荷西对她说："你的沙漠，现在你在它怀抱里了。"是的，三毛在沙漠的怀抱里，这寂寞而苍凉的土地，是否记得前世与她有过的情缘。她明白，沙漠带给她的，将会是一个重大的考验，而不是理想中那份浪漫的情调。

因为她必须在这荒凉的环境下生活下去。只要想到几个月后，自己黑亮的长发将会布满风尘，美丽的容颜将被风吹得干裂，就不免有些惆怅。但三毛没有退却，对她来说，生命的意义在于追寻梦想的过程，其余都可以忽略不计。

荷西在小镇阿雍租了房子。走了四十分钟的路程，三毛总算看到了炊烟和人家。路旁，搭着几十个千疮百孔的大帐篷，有铁皮做的小屋，沙地里有少数几只单峰骆驼和成群的山羊。这如同幻境的世界，给三毛带来一种陌生的熟悉感。

风里传来一些小女孩嬉闹的笑声，荒芜的沙漠瞬间有了生机和趣味。就是这点点笑声和缕缕炊烟，让三毛的心有了温柔的感动。三毛始终觉得，自由自在、随心所欲的生活，就是精神的文明。

　　"生命，在这样荒僻落后而贫苦的地方，一样欣欣向荣地滋长着，它，并不是挣扎着在生存，对于沙漠的居民而言，他们在此地的生老病死都好似是如此自然的事。我看着那些上升的烟火，觉得他们安详得近乎优雅起来。"

　　孤傲的三毛，粗犷的三毛，坚韧的三毛，在她内心深处，永远有一片潮湿而温柔的土壤，经年种植着生生不息的草木。而她就像沙漠中那株最有生命力的草，用她的热烈，她的优雅，感染着众生，将我们的灵魂带至沙漠，让心投宿在荒寒的驿站。不问有一天，是否还能安然无恙地走出来。

　　一排房子最后一幢很小的、有长圆形的拱门的屋子，就是三毛在撒哈拉沙漠的家。这里几乎看不到什么人烟，只有辽阔的天空和波浪似的沙谷。剧烈的风不断地吹拂着她的头发和长裙。如若是在图片里，三毛只怕会永生记住这个美丽苍凉的画面，但此刻，她要面对的是真实的生活。

　　放下沉重的行囊，荷西从背后抱起她："我们的第一个家，我抱你进去，从今以后你是我的太太了。"在三毛心底，她没有热烈地爱过他，但是和他在一起，有一种平淡而深远的感觉。这感觉一样让她觉得幸福而舒适。经历了太多的离合，她似乎明白，真正的爱，其实并不是风花雪月，而是安稳的流年。

这是一处简陋的居所，有一大一小的房间，几步便可走完的走廊，四张报纸平铺大小的厨房，以及狭小的浴室。水泥地糊得高低不平，深灰色的空心砖墙。上面吊着一个光秃秃的小灯泡，电线上停满了密密麻麻的苍蝇。墙角处还有个缺口，风不断地往里边灌。扭开水龙头，流出来几滴浓浊的绿色液体，没有一滴水。

唯一令人欣慰的是，荷西买了一只母羊，跟房东的混在一起养，以后有鲜奶可以喝。望着那好似要垮下来的屋顶，三毛询问了房租。得到的答复是"一万（约七千台币），水电不在内"。荷西几乎不敢问三毛对这里的第一印象，但三毛觉得，有一个安身的居所，已是不错。这寒碜的屋子，等待他们精心布置。

他们需要到镇上去买一些日用品，简单地安顿下来。从家里出发到镇上，一路上有沙地、坟场、汽油站。三毛所住的这一带叫作坟场区。天暗下来，才看到镇上的灯光。这个荒野小镇，两三条街就涵盖了一切——银行、市政府、法院、邮局，还有酒店和电影院。然而这一切建筑就像是风沙里的海市蜃楼，那么薄弱，那么虚无。

他们走进杂货店，买了一台极小的冰箱，一只冷冻鸡，一个煤气炉，一条毯子。这里的商品实在没有三毛选择的余地。再想起简陋灰暗的家，三毛亦无多少装扮的心情。她只有怀着一种既来之，则安心的心情，让生活得以过下去。

三毛与荷西以前做朋友的时候是搭伙用钱。现在他们还没有结婚，经济上她也应该承担一些。所以付钱的时候，三毛打开那个随身携带的枕头套，里面竟是一沓钱。原来，三毛和她母亲有一个共有的习惯，就是喜欢把钱财等贵重物品藏于枕头里。

付完钱走出商店，荷西便问起三毛，如何有这许多的钱。其实这钱是三毛父亲在她来沙漠之前给的。父亲知道她倔强的女儿要独自走一趟沙漠之旅，必定会遭遇许多困难。他不仅给三毛精神的支持，还给了她经济的支持。如果说这世上有一种爱，是最无私、也最真心的，那就是父母的爱。

荷西看着那些钱，心生不悦。"你的来撒哈拉，是一件表面倔强而内心浪漫的事件，你很快就会厌它。你有那么多钱，你的日子不会肯跟别人一样过。"这是荷西对三毛下的定论，他认为三毛来到撒哈拉只是一场短暂的旅行，等旅行结束，他就辞工，和她离开这里。

因为荷西的这句话，三毛觉得心凉。这么多年的相识，这么多年的孤身流浪，荷西竟会因为这一点钱，把她看作一个没有分量的虚荣女子。但三毛没有说话，她不想在荷西为她做出许多牺牲的时候再跟他争执什么，计较什么。她觉得，将来的生活会为她证明，她对撒哈拉的情感，她内心的坚韧与做人的原则。

或许那不是荷西的本意，他只是认为，作为一个男人，他应该承担一切。他告诉三毛，那些钱应该存进银行，今后他们所有的开销，都用他挣的薪水。日子也许清苦，但好歹可以过下去。三毛能为荷西做的不多，她愿意，也必须维护他的骄傲。

沙漠的第一夜，三毛蜷缩在睡袋里，荷西裹着薄薄的毯子。那近乎零度的气温下，这对患难情侣睡在水泥地上铺着的一块帐篷上的帆布上，冻到天亮。

那个夜晚，三毛看着身边睡得并不安稳的荷西。回首往事，多年固执的等待，到如今不问回报的付出。三毛觉得自己再不忍，也不能将他辜负。也许她应该满足，有疼爱自己的双亲，有一个甘愿为自己赴死的男子，并且来到她梦里的撒哈拉。这一生真的没有白活。

　　她不是一个贪婪的女子。凭着一份信念，一份感动，一份责任，她也应该坚强地走下去。明天，明天她就要和这个男子去阿雍小镇的法院申请结婚登记。从此，她就是他的新娘，美丽而幸福的新娘。

白手起家

> 有一天，等她走累了，就在无边的沙漠里，寻到一株菩提。而她，要做那个在菩提树下静看沧海桑田的女子。

曾经说过，今生所愿，是看一场姹紫嫣红的春光，喝一杯赏心悦目的清茶，做一个洗尽铅华的女子。人生在世，原该如此，淡然心弦，修因种果。

三毛自是与我不同，与许多人不同，她是一个传奇。所以，她的情感、她的历程，以及她将来的归宿，都将写上激情又绚烂的一笔。而她亦要经历一段寻常人只能在戏剧里，或是在书中才能看到的故事。

撒哈拉的故事，值得三毛用一生来回忆和品味。也许这世上没有一部戏剧可以演绎得这么真实，这么传神。撒哈拉让三毛明白，人生需要亲历亲尝，才算是真正活过。当她有一天穿越了整个撒哈拉沙漠，才发觉世间风景已经看透，她无路可走，亦有了可以不再奔走的理由。

清晨的沙漠，比夜晚多了几许柔情，几分安静。被朝霞浸染的天空，将这片荒芜的土地守候成最美的风景。斜过的长风，拂醒了沉睡一夜的梦。一切都将开始，来到这里的人已经别无选择。

三毛与荷西来到法院，询问申请结婚登记的事宜。在决定嫁给荷西之前，三毛告诉他，他们之间不但国籍不同，个性也不同，将来婚后可能会吵架甚至打架。而且，不能失去独立的人格和内心的自由。如果不可以完全做自己，或是有丝毫的拘束，她是不肯结婚的。荷西回答三毛，他爱的，就是她的为人洒脱，她的精神独立。

接待他们的是一位满头银发的西班牙秘书。在这里还没有人办过结婚手续，因为此地撒哈拉威人结婚都按照自己的风俗来。这位老先生翻出一大堆法律书，得出了一个复杂的结果。

"公证结婚，啊，在这里——这个啊，要出生证明，单身证明，居留证明，法院公告证明……这位小姐的文件要由台湾出，再由中国驻葡公使馆翻译证明，证明完了再转西班牙驻葡领事馆公证，再经西班牙外交部，再转来此地审核，审核完毕我们就公告十五天，然后再送马德里你们过去户籍所在地法院公告……"

平生最厌烦填表格、办手续的三毛，听秘书先生这么一念，心里急躁起来。她问荷西，这么繁复的手续，是不是可以不要结婚了。荷西心急起来，他恳求着慢条斯理的秘书先生，希望他可以帮忙快一些，他不能再等了。

这秘书先生哪里知道，荷西为了娶到眼前的这位佳人，等了多少个年头。眼看着她就要成为他的新娘了，却又有这许多莫名的阻碍。后来，秘书先生告诉他们，办完所有的手续，必须要三个月的时间。这意味着，三毛与荷西三个月后才能结婚。

对等待七年的荷西来说，三个月并不算漫长。更何况这三个

月里他可以和三毛朝夕相处，好过往日的天涯两隔。但因为给了
他希望，所以在尘埃落定之前，荷西依旧很焦心。

以后的这三个月，荷西每天努力挣钱，自己辛苦做家具。而
三毛经外籍军团退休司令的介绍，常常跟卖水的大卡车去附近方
圆几百里的沙漠奔驰。背着行囊和相机，拍摄撒哈拉奇异多彩的
民俗风情，并记录成文字，供她余生细细品读。也只有深入大
漠，看日出日落、羚羊飞奔的美景，才可以让心灵休憩，忘记现
实生活的艰苦。

但当下最重要的则是，如何在沙漠上生存，如何经营那个简
陋的家。三毛开始为家里置办物品，床垫、粗草席、锅碗瓢盆、
油盐酱醋等许多必用物品。沙漠的东西贵得没有道理可讲。三毛
看着荷西给的一沓钞票，已经所剩无几。父亲的那笔钱被存了定
期，动用不得。以后的生活，她需要更加节俭，方可安然度过每
一天。

为了一桶水，三毛要在灼人的烈日下，走漫长的一段路，才
能走到那个似乎永远也不会到的家。煤气用完了，她没有气力将
空罐拖去镇上换，只好借用邻居的铁皮炭炉子，蹲在门外扇火，
直到被烟呛得眼泪流个不停。这个从小被父母捧在手心里长大的

女儿，总算是尝到人生的至苦了。但三毛不气馁，她觉得多几种生活体验，亦是可贵之事。

荷西为了挣更多的钱，夜以继日地工作。那个家经常只有三毛一个人，独自听窗外如泣如诉的风声，或是看沙尘静悄悄地撒落。没有电视，没有收音机，没有书报，没有衣柜，没有抽屉。吃饭坐地上，睡觉躺在地上的床垫上，写字寻一块板子放膝盖上。运气好的时候才会来电，阴寒的夜里，唯有一根白蜡烛，孤独地流淌着眼泪。

每当荷西赶夜间交通车回工地，关上门的那一瞬，三毛总忍不住流泪。她跑到天台，看他的身影，又冲下去追赶他的步履。多少次，她喘着气，近乎哀求地对荷西说："你留下来行不行？求求你，今天又没有电，我很寂寞。"

荷西的眼圈红了，寒冷的风中，他们就那么伫立着。最后，他还是狠心地离去，在远远的星空下朝三毛挥手。那么无奈，只为了多赚取一点生活费。一个人回到家，对着灰暗的小屋、冰冷的墙，骄傲的三毛忍不住软弱地哭泣。

美丽的撒哈拉沙漠，这梦一样神奇的地方，给了三毛许多的苦。她必须付出无比的毅力和艰辛，才能生活下去。但三毛从不后悔来到这里，也没有埋怨，她让自己慢慢习惯这里的一切。她相信，如今是为了撒哈拉改变自己，总有一天，撒哈拉会为她而改变。

生活的挫折让三毛更加懂得珍惜。单薄的几张纸币，买不到做家具的材料。三毛为了几块废弃的木箱子求人，得到之后，雇了驴车拖回家，当宝贝似的看着，生怕被邻居拾去。荷西利用空余时间，按照三毛挑选的图样，顶着烈日动手做起家具来。

炙热的太阳，让天地都在旋转。看着荷西体力透支，一声不吭地干活，三毛为自己有一个这样的丈夫感到骄傲。这个从来不懂得风花雪月的男人，就是用一点一滴的生活将三毛感动。而此刻，三毛觉得自己重新认识了荷西。她相信，这世上再没有一个人能够如此与她共甘共苦。沙漠恶劣的环境会将一个人所有的热情都消磨殆尽。

如果说三毛是为信念在坚持，那么荷西则是为了爱情。他们都是伟大的人，做着让人钦佩的事。当三毛看到荷西那双磨出水泡、被钉子弄得流血的手，不仅心痛，还很惭愧。她怪自己，为什么不能学撒哈拉威人，一辈子坐在席子上，何苦要用那家具。

但荷西了解三毛，他希望可以在这艰苦的沙漠里，尽量让她活得舒适优雅。

后来，三毛才知道，自己讨来的木板箱子，原来是用来装棺材的。两个大活人，住在坟场区，用棺材外箱做家具。三毛知道后，反而觉得这是个值得欣喜的意外。她更加珍爱这些木板，心疼荷西的劳作。

除了上班时间，荷西总不肯停歇，不断地在天台上敲打。三毛也终于圆了荷西多年以前的梦。就是每日在家里，守着锅碗瓢盆，为他洗手做羹汤。三毛说："生命的过程，无论是阳春白雪，青菜豆腐，我都得尝尝是什么滋味，才不枉来走这么一遭啊！"可我们又是否知道，在沙漠，青菜豆腐亦成了难以品尝到的佳肴。

荷西热忱地敲敲打打，总算得到了温暖的回报。待到他们正式结婚时，那个家已经有一个书架、一张桌子，卧室架好了长排的挂衣柜，厨房有一个茶几，还有新的彩色条纹窗帘……尽管这些东西对许多人来说微若尘埃，在撒哈拉却成就了一个美丽圣洁的殿堂。

某天，一个人的下午，三毛无意中看到几张以前的照片。相片中的自己，穿着长礼服，披毛皮大衣，黑发绾起，挂了长耳环，笑靥如花，优雅美丽。看完之后，三毛颓然坐到地下，"那种心情，好似一个死去的肉体，灵魂被领到望乡台上去看他的亲人一样怅然无奈"。

但三毛始终坚信，这种恍若隔世的悲感，不会一直延续下去。只要拥有博大而温柔的心怀，就能够在荒原上种植草木花朵。有一天，等她走累了，就在无边的沙漠里，寻到一株菩提。而她，要做那个在菩提树下静看沧海桑田的女子。

这里终究没有微风细雨的诗情，没有绿柳桃红的雅韵。举目望去，黄沙万里，风尘滚滚，简陋的屋子，只有一个人，空对冰冷的墙壁。

今夜，她等的人，还没有归来。

执子之手

有人把婚姻比作进退两难的围城，有人比作深不可测的湖水，甚至还有人觉得是人间炼狱。或许只有亲身体验过，才知其真味。

晨晓的沙漠，从睡梦中惊醒。一夜风声，此时无比安静。湛蓝的天空，清澈无尘，褪去了所有的黯淡。绵延起伏的沙丘，一直伸展到遥远的边际。这片荒凉的土地，承受了千万年的寂寞。尽管它每天都在呜咽，都在哭泣，甚至发怒，但它沉静的时候，让人疼痛亦感动。

三毛曾经写过一段关于撒哈拉沙漠早晨的文字，让读过的人为之震惊。"早晨的沙漠，像被水洗过了似的干净，天空是碧蓝的，没有一丝云彩，温柔的沙丘不断地铺展到视线所能及的极限。在这种时候的沙地，总使我联想起一个巨大的沉睡女人的胴体，好似还带着轻微的呼吸在起伏着，那么安详沉静而深厚的美丽真是令人近乎疼痛地感动着。"

来到沙漠，三毛除了每日体味生活的艰辛，亦对这片大漠里的居民充满无限的好奇：无论是他们走路的姿势、吃饭的样子、衣服的色彩和式样，还是他们的手势、语言、男女的婚嫁、宗教信仰等。她来沙漠的初衷，只为见证这里的风土人情，只为找寻前世的另一个自己。

为了等待结婚登记所需的手续，三毛每天必须走一小时左右的路程，去镇上看信。来到沙漠三个月，这个阿雍小镇上的人，她大半都认识了，尤其是邮局和法院。

终于，三毛等来了法院秘书长的通知："最后的马德里公告也结束了，你们可以结婚了。"经过几个月的漫长等待，三毛几乎不相信这场文件大战真的结束了。也许在三毛内心中，结婚对她来说已经不那么重要。她无法忍受的，是这个恍若永生的过程。

但这一纸婚约，毕竟给得起她一份安稳与承诺，尽管她缺的不是这些。漂泊的三毛，经受了太多情感的波折，她需要落定尘埃。这个让她从来无法热烈痴爱的男子，在荒芜的撒哈拉沙漠，给她装置了一个坚固的家。从此，多了一个人陪她流浪，陪她去远方。

"明天下午六点钟。"这是秘书先生给三毛安排的时间。恰好，荷西公司的司机正开吉普车经过。三毛赶紧喊住他，让他传口信给荷西，明天结婚，叫他下班到镇上来。司机很纳闷，难道荷西先生竟不知道自己明天结婚？三毛回答道："他不知道，我也不知道。"

不清楚缘由的人，会以为这个中国女孩为结婚等疯了。三毛给远在故乡的父母发了一封电报："明天结婚。三毛。"多年来，父母为她担忧受苦。如今，这个浪子终于有了归宿。结婚或许是三毛给父母唯一的安慰。

荷西得知消息后，即刻便赶了回来。或许是因为等得太久，真的临近结婚，竟显得有些不知所措。当晚，他们去镇上唯一的一家五流沙漠电影院，看了一场好片子《希腊左巴》。这样，就算是跟单身的日子告别了。

第二天，荷西照常上班。下午五点半的时候，他抱着一个大盒子，这是送给三毛的礼物。当三毛迫不及待拆开来的时候，里面的东西让她惊诧不已。"哗！露出两个骷髅的眼睛来，我将这个意外的礼物用力拉出来，再一看，原来是一副骆驼的头骨。惨白的骨头很完整地合在一起，一大排牙齿正龇牙咧嘴地对着我，眼睛是两个大黑洞。"

荷西知晓三毛的心意，在这荒凉沙漠，没有什么比骆驼骨更珍贵的了。他为了找到这一副完整的骆驼头骨，在沙漠里寻觅了许久。这个男人总会带给三毛出其不意的惊喜。

即将做新娘的三毛，为自己简单地打扮了一番。一件淡蓝细麻布的长衣服，虽不是新的，却有一种朴实优雅的风味。长发披肩，戴一顶草编的阔边帽子。因为没有花，就到厨房拿了一把香菜别在帽檐上。荷西说，很有田园风味，简单又好看。

他们走了四十多分钟才到镇上。辽阔无边的天际，漫漫黄沙下，只有两个渺小的身影。黄昏的沙漠，美得让人不敢呼吸。三毛也许是沙漠上第一个走路结婚的新娘。有时候，人的想象与安排，永远都抵不过现实的一切。那个曾经为爱痴迷的女子，不承想，自己的婚礼会在这片荒原举行。

当他们走到法院时，才发现这里的人穿着比他们都隆重。而这对新人则像是来看热闹的。三毛生平最怕这样的仪式，但也只好强忍着进礼堂。小小礼堂里坐了许多没有预约的熟人。那位年轻的法官拿纸的手都在发抖。沙漠法院第一次有人公证结婚，他们的心情自是不言而喻的。

待到仪式结束，他们总算真正结婚了。沙漠里没有一家像样的饭店，来的人都散了，只有这对新人突然不知如何安排为好。荷西提议去国家旅馆住一晚，当作新婚之夜给彼此的奖励。但三毛不主张浪费，她情愿回家做饭吃，因为住一晚旅馆的钱，够他们买一星期的菜。

他们选择徒步回去。此时的沙漠，早已褪去了黄昏的色彩。夜幕下，漫天黄沙在风中飞舞。空阔寂寥的四周，使脚下的路仿佛没有尽头。三毛知道，从今往后，身边这个男人将与她携手流浪人间。这个渴望自由的女子，希望婚后的生活还可以一如从前。在她的生命里，自由与放逐要比相互扶持更为重要。

后来，三毛写过一段话，表白她与荷西婚后相处的岁月。她说："夫妇之间的事情，酸甜苦辣，混淆不清，也正是如人饮水，冷暖自知。这小小的天地里，也是一个满满的人生，我不会告诉你，在这片深不可测的湖水里，是不是如你表面所见的那么简单。想来你亦不会告诉我，你的那片湖水里又蕴藏着什么，各人的喜乐和哀愁，还是各人担当吧！"

有人把婚姻比作进退两难的围城，有人比作深不可测的湖水，甚至还有人觉得是人间炼狱。或许只有亲身体验过，才知其真味。无论是喜、怒、哀、乐，都需要自己来承担。与荷西的结合，三毛没有认为是错误。但再完美的爱情，亦会有不为人知的遗憾。失落的时候，只有自己去调整。时间久了，婚姻亦有了一种境界。

回到家，他们收到了一个大的奶油蛋糕。在沙漠，这是一件欣喜而幸福的事。之后，荷西的公司给了家具补助费、房租津贴，还涨了薪水，并且有了半个月的婚假。之前一直反传统的三毛，突然觉得结婚竟是一件值得支持的事。

荷西的好友自愿代他的班，如此，他们便有了一个月的假期。在这个漫长的蜜月，他们丢下了往日一切烦琐的事务。请了向导，租了吉普车，直奔撒哈拉沙漠。对三毛来说，蜜月之旅，使她真正走进撒哈拉的灵魂深处。她说，他们双双坠入它的情网，再也离不开这片没有花朵的荒原了。

一路上，他们拿着相机，成了沙漠里的收魂人。如梦如幻的沙漠，呈现出千奇百怪的景象，让人目不暇接，意乱神迷。大自然用它的鬼斧神工创造出这片干枯了千百年的河床，亦创造出荒野里太多神奇的美丽。

连绵不绝的沙漠，色彩纷呈，一望无际的天空亦是变幻无穷。许多的景象，或许只有一次，三毛把她所看到的那些美丽瞬间，全部收入镜中，印在心底。千万个人来到沙漠，会邂逅千万种不同的景象，亦会生出千万种情感。

这片神秘辽阔的大漠，没有谁可以真正看清它全部的容颜。我们只是这里微不足道的拾荒者，在寸草不生的沙丘里，一点一滴寻找曾经遗失的文明。许多远古的秘密、沉积的故事，永远都无法重见天日。可我们依旧要赋予它们生命，为之投入爱憎，倾注情感。

三毛做了这片沙漠的探秘者，她让自己走进渺渺茫茫的天地，背负着寂寥与荒芜。尽管她的力量太过微小，但她依旧在世界最大的沙漠留下了深深浅浅的足迹。多少次，是这片土地带来的巨大震撼，让她忘记旅途的颠簸之苦，忘记割肤而过的风沙赐予的疼痛。

也许这就是沙漠神奇的魅力，让每个走进它的人，甘愿为之付出，无怨无悔。你以为你是沙漠的探秘者，将它的面纱一层一层揭开，却不知沙漠有真正的王者之风，在你不经意的时候，会情不自禁地交出自己的所有。它的万种风情，足以令你用一生的时光来品味。

多少次，三毛为这片土地的神奇景象所沉醉。她觉得这里的一景一物可以收买人的灵魂。任何人都无法抵挡它的诱惑，哪怕有一天，倒在行走的路上，哪怕尸骨无存，下落不明，亦是无憾。

这就是撒哈拉沙漠，一个连感动都是多余的地方。来到撒哈拉沙漠的人，永远不会最早，永远没有最迟。

安之若素

任何的珍惜，不是为了地久天长，而是希望离别的那一日，可以心安理得地挥手，道声珍重再见。

沙漠，就这样轻易穿越了一个人的灵魂，成全了一生的梦想。只要与之有过一次邂逅，今生便再也没有可以将其取代的风景。风沙遍野、辽阔无边的撒哈拉，给人一种绝望的守候。可总有那么多人，甘愿舍弃繁华，行走万里，来这里寻觅遗世的苍凉。

时常认为，至美的风景可以疗伤。人处绝境，方能深知生活
的艰辛，从而可以坚忍勇敢地活下去。三毛来到撒哈拉，不仅是
为了寻找前世的乡愁，亦是在这里修复自我。尽管满目苍凉的沙
漠，风格迥异的民俗人情在慢慢消磨三毛的棱角，但她愿意为这
片神奇的土地，做出一些妥协。

暂放简单的行囊，回到阿雍小镇外的家。远行了二十余天的
三毛，突然觉得这间简陋的居所竟是那么甜蜜温馨。也许每个浮
萍客，都渴望有一个属于自己的小巢。待到走不动的那一天，找
个可以安身立命的地方，再也不言离别。

在这沙漠荒原，一间小屋，于三毛已是可以遮风挡雨的家
了。结束了蜜月，他们行将开始两个人的漫长生活。三毛说过，
结婚，小半是为荷西情痴，大半仍是为了父母，至于自己，本可
以一辈子单身下去。怎么活，都是一场人生，原不该在这件事上
谈成败，论英雄。

但三毛还是住进了那座城，只是她依旧做自己，不肯让步。
她心灵的全部不对任何人开放，荷西可以走进去小坐，甚至占据
一席。但有一个角落，始终是她一个人的。谁若要自作主张去惊
扰，那是她所不能容忍的。

　　他们之间原本就没有海誓山盟，郎情妾意，结婚是想找个伴，一同走完人生之路。三毛不愿意时刻不离，难分难舍地腻在一起。许多时候，她更喜欢独自捧书静读。也许有些情感就是如此寻常。因为平淡，便少了许多烦恼和心痛，亦无太多遗憾。

　　许多人爱上了这么一句话："繁华尽处，寻一无人山谷，建一木制小屋，铺一青石小路，与你晨钟暮鼓，安之若素。"可见每个人的心底都有一座桃源，惧怕飘忽不定的世事，渴望宁静如水的生活。三毛的放逐，又何尝不是为了找寻心灵的净土，不负一世华年。待到有一天将风景看透，便是细水长流的日子。

　　她来到沙漠，这天地洪荒之处，曾经发生过的事、犯过的错、爱过的人，都薄如青烟，那么缥缈不真实。她拥有的是当下，和一个愿意陪她共赴天涯的男子，在这里努力优雅地活着。

　　三毛希望在这片荒原遍植草木，使它长出繁花。陋室虽简，但经过三毛细心的装扮，后来成了沙漠里最富有诗情画意的房子。她就是这样的女子，就算漂泊，也不能改变生活的态度。看似风中来去，随性散漫，内心深处却始终简净如水。

　　荷西领到了月薪，结婚补助，房租津贴。三毛用这些钱细致地装扮沙漠的家。当初那个破旧的小屋，就这样一砖一瓦，一景一物地丰满起来。里里外外洁白的墙壁，在坟场区那么骄傲地伫立着。屋内，自制的沙发、书架、陶土茶具，甚至还有三毛母亲寄来的中国棉纸糊的灯罩。这个家，开始有了说不出的情调和雅致。

余下的日子，三毛更生了精益求精的心情。荷西上班去了，她就去对面垃圾场拾荒。许多废弃的旧物，被三毛拾去家中，重新赋予了使命。曾经一度以为行将丢失的风花雪月，如今被她逐渐找回。她希望，缺失的文明，可以用心来填补。

苍茫无边的沙漠，千百年来被赐予了贫瘠与干涸。三毛的到来，给这里增添了妩媚与柔情。她曾说："我常常分析自己，人，生下来被分到的阶级是很难再摆脱的。我的家，对撒哈拉威人来说，没有一样东西是必要的，而我，却脱不开这个枷锁，要使四周的环境复杂得跟从前一样。"

以往我认为，痴恋沙漠的三毛，只需一个帐篷、几件薄衫，便可简约度日。殊不知，她竟有万种风情，把沙漠的家装点得洁净而美丽。她希望在沙漠建一所桃源，有山有水，有花有草，有书香，有音乐。用情怀料理生活，用故事装饰人生。

"长久被封闭在这只有一条街的小镇上，就好似一个断了腿的人又偏偏住在一条没有出口的巷子里一样寂寞，千篇一律的日子，没有过分的欢乐，也谈不上什么哀愁。没有变化的生活，就像织布机上的经纬，一匹一匹的岁月都织出来了，而花色却是一个样子的单调。"

她的生命，不是一座遍布残骸的荒城。所以在垃圾场、坟地，三毛都可以寻找到遗落的文明、典雅的艺术。那日，三毛经过一座大坟场，看见一位极老的撒哈拉威男人正在认真地雕刻石头。几十个石刻，有立体凸出的人脸，有小孩的站姿，有裸体妇女的卧姿，还有许多动物，如羚羊、骆驼等。

三毛惊叹着，在这荒芜之地，竟有如此粗糙又精致的自然创作。她毫不犹豫地花钱买了几个，回到小屋静心赏玩，内心被这份无名的艺术深深打动。她的家，就这样成了一座名副其实的艺术宫殿。这是她的城，清苦又荣华的城，寂寞又喧闹的城。她是这里的主人，哪怕只住着自己一个人，她亦会守候到地老天荒。

但三毛没有在自己的城里故步自封。因为房子装扮得美丽奇特，许多邻居总爱来串门。这些女子不关心卫生课，不在乎认不认识钱。她们来到三毛的家，就是借穿她的衣服、鞋子，借用口红、眉笔。因为这些东西对她们来说，是极为新鲜的物品。

她们一来，三毛整洁的家就混乱起来了。衣服、鞋子被穿在她身上不告而取，看到喜欢的东西，顺手带走。看到杂志上喜欢的图片，直接撕下来。有时候，她们集体睡在三毛的床上，感受着床架子的舒适。她们不懂艺术，却能够深刻地感受到一种无与伦比的美丽，并陶醉在这座装载着幸福的城里。

后来，远近住着的邻居都会来找她。尽管三毛恪守着君子之交淡如水的规则，但也不愿意与这些芳邻疏离。三毛与荷西都是随性之人，对人和气，邻居也恰好利用了他们的这一秉性，总有妇女和小孩不断地找他们借东西。

那些零碎的小物件，在镇上都可以买到，可他们偏生就喜爱到三毛的家借用，灯泡、洋葱、汽油、钉子、火柴、红药水，甚至连吃饭的刀叉，他们都不厌其烦地上门寻借。倘若不借，他们就说一句话："你拒绝了我，伤害了我的骄傲。"三毛认为，每一个撒哈拉威人都是骄傲的，所以她不敢轻易伤害他们。

尽管有时候，三毛被他们的无理与纠缠弄得苦恼至极，但后来，三毛都会把这一切当作他们自然淳朴的天性而宽容相待。住在那里一年多，荷西成了邻居的电器修理匠、木匠、泥水工，三毛则成了老师、护士、裁缝。

撒哈拉威的年轻女子，脸孔都长得极为好看。平日里她们在族人面前蒙着脸，到了三毛家则取掉面纱。有位叫蜜娜的女子长得甜美可人，她对荷西颇有好感。荷西在家时，她常打扮得十分整洁再来做客。时间久了，则找借口让荷西去她家里，修门修窗。

三毛对此事甚为不快，她告诉荷西，当蜜娜是雾里花、水中月。好在这个美丽的女子，只是荷西生命里的刹那惊鸿，没有徘徊太久。有一天她突然结婚了，三毛很乐意，送给她一大块衣料。这就是三毛，在这辽阔的大漠，她愿意用宽厚的襟怀来善待每一个撒哈拉威人。

三毛的撒哈拉故事，也就是从这里开始的。她让自己深入大漠，走进撒哈拉威人的生活，才有了对当地民俗风情的了解，有了感动万千读者的一篇篇真实作品。也许一个真正的作家，要有博大的胸怀、明净的思想，以及对万物深情的关爱，才能写出真善美的文字。

　　三毛是这样的作家，她不仅亲历、打磨生活，还将它们融化于文字里。她的作品无须曼妙语言的修饰，一字一句浑然天成。读者可以随着她的真性文字，自然而从容地走进大漠，在撒哈拉的故事里，做一个多情又随意的看客，品味别样风俗，见证多彩人生。

　　三毛说，感谢这些邻居，因为他们，沙漠的日子从此五光十色，而寂寞早已渐行渐远。划着缘分的舟楫，让原本隔了万水千山的人，相聚到了一起。任何的珍惜，不是为了地久天长，而是希望离别的那一日，可以心安理得地挥手，道声珍重再见。

　　"我们一生复杂，一生追求，总觉得幸福遥不可企及。不知那朵花啊，那粒小小的沙子，便在你的窗台上。"

　　人生至简，大爱无言。是我们把日子过得那样惊心，把岁月看得那般无常。流年在指尖缓缓滑过。只愿明月长存，心静即安。

第五卷 ◎ 万水千山总是情

——你是锦瑟——我为流年——

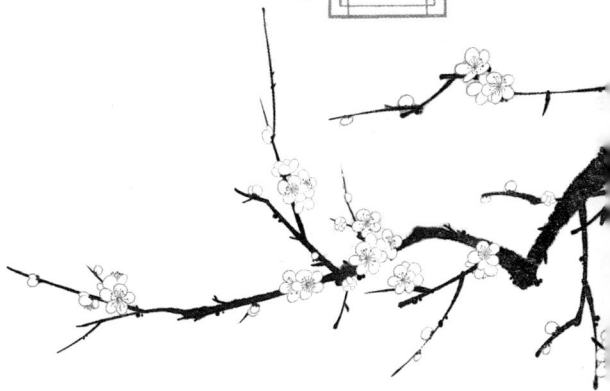

中国饭店

人生是一场无法更改的轮回，繁华刚刚落幕，寂寞又开始上演。多少金风玉露的相逢，都成了灯火阑珊的错过。

人生天地间，忽如远行客。原来，我们都只是遗落在苍茫世海里的一粒尘沙，渺小脆弱，寂寥无言。如何把仓促而短暂的生命过得称心如意，缘于各人的心境与追求。从薄雾晨晓，走到黄昏月夜，从青葱少年，走到人生迟暮，需要多少勇气与决心。

总有一些人值得我们一生钦佩，一生欣赏。不是羡慕他们的富庶人生，亦不是执着于他们的千秋功名，而是喜爱他们的生活态度，梦想追求。岂不知所有的富庶与名利，背后都隐藏了太多不为人知的辛酸？待有一天，褪去了华丽的修饰，都要回归简朴。

倘若三毛没有去过撒哈拉，不曾经受那么多风雨磨砺，又怎会有后来的风华？一程山水，几度春秋，其间的日月流逝，花谢花开，只有自己承担。三毛曾无数次地说起，她与荷西有许多不能共通的地方。尽管荷西陪伴她走过七年岁月，但她一直有着独立人格，万般滋味，一人独尝。

自三毛去了撒哈拉，母亲缪进兰就时常往邮局跑，给她寄去许多她喜爱的食物，用来布置家居的小玩意。也借着那些小小礼物，捎去远在祖国的父母的无限想念。三毛用收到的粉丝、紫菜、冬菇、方便面、猪肉干等珍贵食物，在小家庭里开起了"中国饭店"。虽然食客只有一个，还不付钱，三毛却将沙漠枯涩的日子过得五味俱全。

"我的女儿，在逝去的岁月中，虽有太多的坎坷，但我们已用尽爱的金线，一针一针经纬地织补起来，希望父母的巧手神工能织得像当初上帝赐给你的一样，天衣无缝，重度你快乐健康的人生。孩子，请接受父母的祝福和祈祷，愿主赐恩。"

这是母亲给三毛写的书信，情真意切，让人感动。当他们从小倔强独立的女儿决定去撒哈拉沙漠时，父母除了祝福，不知道还能给她多少温暖。他们知道，一望无垠的尘沙，夕阳下的蜃楼，以及那些荒凉的美丽，可以填满她内心的寂寞。

红尘如梦，走过撒哈拉沙漠，尝历了诸多艰辛，三毛觉得，曾经的爱与恨，悲与喜，都已经不那么重要了。我们一直向往的名和利，对撒哈拉威人来说，就如同沙漠中的一粒沙那般自然。他们从不抱怨贫穷，不关心世局，也不刻意追求什么。撒哈拉是一片安宁平和的净土，任何人闯入都不能将其改变。与他们相比，我们竟是那样浅薄。

所谓"中国饭店"，无非三毛对故乡饮食生活的一种情结。对家事十分反感的女子，对煮菜却很有兴趣。她认为，几只洋葱，几片肉，炒出一个菜来，是一种值得欣赏的艺术。而那些来自中国的琳琅满目的食物，于贫瘠的撒哈拉沙漠，算是上苍赐予的莫大恩惠。

三毛做的第一道菜——粉丝煮鸡汤。三毛取了一个诗意的名字——春雨。三毛告诉荷西："这个啊，是春天下的第一场雨，下在高山上，被一根一根冻住了，山胞扎好了背到山下来一束一束卖了换米酒喝，不容易买到哦！"荷西自是知道三毛哄骗于他，但他爱极了那鲜美的味道。后来荷西经常吃"春雨"，却始终不知道到底是什么东西做的。

第二次吃的粉丝是蚂蚁上树。三毛对荷西说，那是钓鱼用的尼龙（锦纶的旧称）线，中国人加工后变成白白软软的。荷西照样不会信以为真，只觉得中国菜花样百出。第三次吃的粉丝是夹在东北人的"合子饼"内，与菠菜和肉绞得很碎，当饼馅。这一次，荷西以为里面放了昂贵的鱼翅。还说要写信到中国，感谢岳母，请她以后不要再买这么贵的食物。

三毛喜欢做菜，是因为她觉得那是一门艺术，一种文化。但她不喜欢夫妇每天总是吃饭，其他时间忙着挣吃饭钱的生活。荷西下班回来总是大叫："快开饭啊，要饿死啦！"三毛有时甚至觉得委屈，白白地被他爱了这么多年。这个不解风情的丈夫，总少了一些温存暖意。他们之间仿佛永远有一道无法逾越的沟渠，这个距离让三毛心安，亦寥落。

语言与风俗文化的差异，三毛在决定嫁给荷西之前就已深知。对她来说，这是生命里淡淡的遗憾。如果三毛曾经说过，她与荷西的婚姻真的很幸福，那么也只是一种美丽的敷衍。尽管荷西在生活上对她关爱倍加，但他们无法在一起谈文字，谈人生，谈理想。荷西的一无所知，有时或许是优点，但更多时候，令三毛觉得很悲伤。

她所期待的，应当是一个可以读得懂她的文字，知晓她内心情怀，以及能够和她一起分享世俗烟火的男子。荷西给不起那些，却给了她安稳，免了她远在中国的父母的担忧，免了她一人孤苦。但三毛终究愿意旁若无人地活着，无论多么纷繁，都留一份纯净的爱给自己。所以，不管她与谁有过交集，有过多少辗转，三毛始终是自由而孤独的。

也许荷西不是三毛生命里那个最妥帖、最合适的人，但是这个男人在风尘滚滚、漫无边际的沙漠，将她寻找，与她执手萧瑟斜阳下，陪她沉迷于前世旧梦中。他无须懂得，她心底那些美丽又敏感的情怀；无须询问，她前世的乡愁为什么在撒哈拉。他要做的，只是为她遮风挡雨，死生相共。

那段时间，三毛除了每天做饭，就是写文。依稀记得，那时年少，脆弱的情感，给了她太多的伤。她是那个躲在文字背后默默耕耘的女孩，只种前因，不问果报。当年是白先勇为她打开那扇走向文学殿堂的门扉，之后有了一段与诗书相依为命的日子。倘若不是因为情感而被迫奔走天涯，或许此时的她还在台北那幢日式屋子里，低眉写着她的文字。

十年风雨，再回首，已是山水踏遍，人事皆换。撒哈拉变幻万千的自然景致，以及撒哈拉威人的淳朴风情，让三毛渴望用笔将这片梦里的山河深情记录。一九七四年十月六日，台湾《联合报》副刊发表了三毛的《中国饭店》（《沙漠中的饭店》）。这是她停笔十年后的新作，也是她第一次使用三毛这个笔名。

这个主编是平鑫涛，三毛的母亲欣喜万分地觉得，他能看中三毛的文章大概是受了上帝的催眠。自从这篇《中国饭店》刊发后，三毛重新推开了写作之门，她用惊人之笔，将沙漠中的情态纤毫毕现。让我们看到，在那个荒凉偏僻、终年飞沙的地方，竟有那么多耐人寻味、荡气回肠的故事。

撒哈拉的岁月，比起枝叶茂盛的故乡，有太多的留白，又有太多的墨彩。三毛把撒哈拉的风物、沙漠的味道用文字一篇篇表述出来，起伏跌宕，亦从容优雅。沉浸在文字中的读者，总想亲自走一遭，去看看撒哈拉连绵不绝的沙漠，去体会荒凉土地的况味。

三毛著的《白手成家》刊出后，曾一度掀起了浪潮。那段时间，在台北的任何地方，似乎都能听到关于三毛的话题。这个默默无闻的天才女子，终于用她的文字打动了芸芸众生。也许只有她自己知道，这一切荣耀的背后，隐藏了多少艰苦与辛酸。

远在沙漠的三毛，看不到世人赋予她的美丽光环。"想到中国，我竟觉得那是一个前世，离我是那样远，远可不及。"她依旧行走在沙漠，居住在简陋的小屋，过着清苦的生活。关于那些华丽的背景，也只能通过读者纷纷而来的信件，传达一丝感动，几许安慰。

一篇篇经过细心打磨的作品，一个个感人肺腑的故事，一段段惊心动魄的历程，被集合成《撒哈拉的故事》，于一九七六年出版。这是三毛的第一本书，也是她此生的代表作。隔年，《哭泣的骆驼》出版，这两本书是三毛经久不衰的畅销著作。之后，三毛的作品再难登上这两部著作的高峰。不是因为她无法超越自己的文字，而是她不能超越那段大漠生活。

她让自己深入沙漠，亲历人情世故，用情感与血泪交换而来的文字，成就了生命中唯一的绝美。她在漫漫黄沙中行走，找寻前世记忆、今生梦想。那么多的沧桑过往，岁月飘零，只消一盏茶的光阴，就可以简略地翻完。

人生是一场无法更改的轮回，繁华刚刚落幕，寂寞又开始上演。多少金风玉露的相逢，都成了灯火阑珊的错过。孤独行走，只是为了在凡尘中找到可以安身的居所。相信这宽阔的天地，慈悲的山河，会给我们一个宁静的归宿。

沙漠故事

三毛就是那个桀骜的女子，她打烟水之国而来，穿越渺渺人群，来到这险要的荒漠。在艰难步履中，找寻一点点乐趣，一丝丝慰藉。

打沙漠走过，有谁记得你的容颜。其实沙漠跟这世界上任何地方大抵相同，尽管它看上去荒芜、悠远、孤独，苍茫到没有尽头。但那一条条飘忽的风尘之路，和我们曾经走过的街道、山径一样，载着南来北往的过客和故事，度着缓慢仓促的光阴与流年。

这里终究是一片荒野，许多时候，它没有生命，没有哀乐。

在这路上遇见的人和事，与往日在人海中遇见的并无不同，都是平凡的人，平凡的故事。起初或许因为民俗风情带来了太多惊奇，便忙碌着想要记载下来。到后来会发觉，众生寻常，我们就是渺渺尘世里的一片飞花，一声叹息。

世间所有的相逢，皆是缘分。那些曾经擦肩的身影，交换过的微笑，以及平淡的相处，都值得我们珍惜。虽说再深刻的情感，再美丽的诺言，有一天也会被时光淡淡吹散，被我们漠然忘记。但走过的路，见过的人，又如何能够轻易擦去，了无痕迹。

有些梦想，距离现实过于遥远，不敢轻易在别人面前说出口，怕被当作疯子，而三毛比常人多出几分勇气。其实每一次执迷不悟的行走，只需自我救赎，便可抵达任何一个想要停留的地方。可惜明白的人太少，随波逐流的人太多。

三毛告诉我们，荒凉沙漠不仅有风云故事，还有柔软时光。她去沙漠的本意，只是寻前世乡愁，背一个空寂行囊，消磨碌碌光阴，做一个无为之人。然而她把撒哈拉的点滴日子兑现成了文字，这些文字栩栩如生，洞悉一切。

浩瀚无际的沙漠，最让人牵挂的就是水。从来没有人询问，在这片没有一叶小舟的沙海，三毛是如何乘风破浪、泛波远行的。三毛在沙漠里，寻找到一件与水相关的趣事。后来，她写了一篇《沙漠观浴记》，给我们讲述了她与撒哈拉威女人共浴的奇妙过程。

那日，三毛在镇上的理发店后面的一条肮脏的街道，发现一间破旧的小屋。这房子门边居然挂了一块牌子，上面写着"泉"。进去之后，才知道这是撒哈拉威人的澡堂。于是，三毛花了四十元钱，走进了这个气味刺鼻的澡堂。

在这里，三毛第一次看到沙漠里从地上冒出水来。那是一口深井，许多女人裸露着身子在井旁打水，嬉戏玩笑，情景十分动人。素日里，这些女人被衣裙层层包裹，竟不知她们全裸的身子是那么胖大。按照沙漠里的审美观念，胖的女人才美。浴场里，她们的美，实在令人触目惊心。

"我看见每一个女人都用一片小石头沾着水，在刮自己身体，每刮一下，身上就出现一条黑黑的浆汁似的污垢，她们不用肥皂，也不太用水，要刮得全身的脏都松了，才用水冲。"这些女人，常年住在帐篷里，从遥远的沙漠而来，大多三四年才洗这么一次澡。

后来，澡堂的老板娘听说三毛花四十块钱，只是到这里来看看别人怎么洗澡，甚为惊讶。她告诉三毛，这里只是洗身体外面，身子里面也要洗，而洗里面的地方，在勃哈多海湾。听完这个消息，三毛既惊吓又兴奋，她决定前往，一探究竟。

从小镇阿雍到大西洋海岸并不是太远，来回只有不到四百里路，一日足矣。三毛央求荷西，陪她一起前往，寻找勃哈多海湾。他们的车停在一个断岩边，几十米之下，蓝色的海水平静地流进一个半圆的海湾，湾内沙滩上搭了无数白色的帐篷，有男人、女人、小孩在走来走去，看上去十分自在安详。

三毛既羡慕，又叹息着，觉得这个乱世居然还有这样如同桃源的生活，仿佛是撒哈拉沙漠里一片从未被人勘探过的净土。空气中弥漫的安宁与平静的味道，与素日里风声四起、黄沙遍野的景致相比，仿佛是两个世界。

他们系着绳子吊下崖去，却发觉如此闯入，惊扰了撒哈拉威女人最原始的秘密。这些本该属于撒哈拉威人独有的习俗与私密，就这样被他们一览无余。三毛用文字将整个过程详细描述，可谓惊心动魄。

"三五个全裸的撒哈拉威女人在提海水。这些女人将水桶内的海水提到沙滩上，倒入一个很大的罐子内，这个罐子的下面有一条皮带管可以通水。一个女人半躺在沙滩上，另外一个将皮带管塞进她体内，如同灌肠一样，同时将罐子提在手里，水经过管子流到她肠子里去。

"……水流光了一个大罐子，旁边的女人又倒了一罐海水，继续去灌躺着的女人，三次灌下去，那个女人忍不住呻吟起来，接着又再灌一大桶水，她开始尖叫起来，好似在忍受着极大的痛苦。……这条皮带管终于拉出来了，又插进另外一个女人的肚内清洗，而这边这个已经被灌足了水的女人，又被在口内灌水。

"……过了不久，这个灌足了水的女人蹒跚爬起来，慢慢往我们的方向走来。她蹲在沙地上开始排泄，肚内泻出了无数的脏东西，泻了一堆，她马上退后几步，再泻，同时用手抓着沙子将她面前泻的粪便盖起来，这样一面泻，一面埋，泻了十几堆还没有停。"

更令人诧异的是，这个女人蹲在那里，忽然唱起歌来。躲在一旁窥视的三毛，再也忍不住这样滑稽的情景，禁不住大笑起来。众人发现了他们的行踪，两个人只好落荒而逃，在惊魂未定中结束了这场奇特的沙漠观浴。

在沙漠，这种落后又特殊的文化习俗，总出人意料。三毛的《娃娃新娘》写的则是她亲历一个撒哈拉威十岁女孩婚礼的故事。邻居姑卡只是一个十岁的小女孩，就已经定好了婚期。这让三毛对她生出一种无与伦比的怜惜之情。

按照撒哈拉的风俗，聘礼是父母嫁女儿时很大的一笔收入。昔日沙漠中没有钱币，女方所索取的聘礼是用羊群、骆驼、布匹、奴隶、面粉、糖、茶叶等礼品来计算的。现代文明中，钱币取代了这些物品。

姑卡的未婚夫阿布弟是警察，生得高大英俊，目光温和，谦逊有礼。三毛看到阿布弟之后，特意转告姑卡她未婚夫的美好信息，希望可以在婚前给这个小姑娘带去一丝安慰。结婚前一日，三毛将一只假玉镯子送给她当礼物，这个玉镯是姑卡过去一直想要的。

依稀记得那个黄昏，辽阔的沙漠被夕阳染成一片血红。三毛在沉闷的鼓声中，幻想着一段天方夜谭的美丽故事。然而，婚礼的结束，却令三毛心底有种难言的失落与惆怅，因为她听见了姑卡那如哭泣般的叫声。虽然依照风俗，新娘必须哭叫，但那声音叫得那么痛，那么真，那么无助而悠长。这声叫喊打湿了三毛的眼眶。

"等到阿布弟拿着一块染着血迹的白布走出房来时，他的朋友们就开始呼叫起来，声音里形容不出的暧昧。在他们的观念里，结婚初夜只是公然用暴力去夺取一个小女孩的贞操而已。"三毛为这个只有十岁的小孩子感到无奈而心痛。

撒哈拉的几年生活，有太多的故事。有些被三毛记载下来，写成文字；有些被相机拍摄下来，收住了魂魄；还有些被永远地铭记于脑中，烙刻在心底，不为世人知晓。从《白手成家》那段初到沙漠时所经历的艰辛与酸楚，到《素人渔夫》那次为了挣钱，痛苦打鱼和坎坷卖鱼的过程，这对天涯情侣在苍茫荒漠中，遭遇了许多困境。

还有一次最诡异、最惊险的事，发生在《荒山之夜》。他们驱车去了迷宫山，想要寻找小乌龟和贝壳的化石。夜幕黄昏时，车子误入一片沼泽地，荷西也深陷泥沼之中。几秒钟的时间，泥沼已经淹没到他的腰部。三毛叫荷西抱着一块石头，她在一旁手足无措，不知该如何将他拯救。

地平线上亮起的车灯，让三毛兴奋地以为找到了援手，竟不知碰到的是几个歹人。三毛拼尽全身气力才将他们挣脱，又冒着零摄氏度的气温，独自奋力救出了沼泽中的荷西。这一次的经历，让三毛深切地感受到，至爱的人差点在身边死去的恐惧与悲痛。

这就是沙漠，此刻你看它暮色温柔，转身可能就是天崩地裂。沙漠的地貌与气候，变幻多端，让人无法揣测。人与大自然相比，总是太过渺小，与大自然进行任何争斗，都将付出惨重的代价。其实背上行囊，走进撒哈拉的那一天，三毛就深知会遭遇许多意想不到的危险，但亲身历经过的劫数，最为刻骨惊心。

大漠风光，时而沉默安静，柔情万种；时而风沙漫天，悲壮苍凉。几年光阴，已是酸甜苦辣皆尝遍。三毛就是那个桀骜的女子，她打烟水之国而来，穿越渺渺人群，来到这险要的荒漠。在艰难步履中，找寻一点点乐趣，一丝丝慰藉。

那是一方宽阔到永远无法逾越的洪荒之地，无论是缘是劫，三毛终究这样来过。她将自己无情地抛掷在荒芜的沙漠，再饮尽天边那一片苍凉的月色。有一天，她留下孤独的背影，消失在梦中。

风云变幻

过客与风景，像是一对不离不弃的恋人。就这样，从晨晓到夜幕，由春秋到冬夏，走尽一生。

终究是明白，所有的相逢，所有的厮守，都抵不过匆流的时间。其实每个人，只是把设定的命途走完，不必询问未卜的结局，无须等待岁月的恩护。一旦完成使命，便可随意消磨人生，闲看风雨。

三毛和撒哈拉的缘分，就这样走到了尽头。一九七五年十月三十日，三毛乘飞机匆匆离开撒哈拉。从此，再也没有来到这片她曾经挚爱与眷恋的沙漠。她交付这片土地三年零八个月的时光。离去之时，只带走一身尘埃。

如果当初她义无反顾地来到，是对撒哈拉的深情，如今她仓促背离，算不算是辜负？其实三毛与沙漠诀别，并非她本意，而是为了逃亡。三毛在沙漠中最后度过的那段日子，可谓是风波动荡，危机四起。

有那么一个瞬间，三毛觉得自己再也走不下去了。身若孤鸿，看渺渺茫茫的无情天地，竟忘了为何在此，又将去往哪里。这里突然寻不见前世乡愁，阿雍小镇也成了一座死寂的空城。除了漫天飞扬、永无止息的尘埃，仿佛再也找不到一丝生命的痕迹。

土著撒哈拉威人要求民族自决，一时间，撒哈拉沙漠风云突变，深沉莫测。他们丢弃了往日悠闲散漫的生活，聚集在一起，力图摆脱西班牙的殖民统治。三毛与荷西就这样莫名地被卷入这场政治旋流中。尽管她对这片沙漠投注了深情，付出了年华，但她终究还是要背弃。不是因为她的错爱，沙漠无罪，撒哈拉无罪，是它们无法避免人类的钩心斗角。

　　"沙是一样的沙，天是一样的天，龙卷风是一样的龙卷风，在与世隔绝的世界的尽头，在这原始得一如天地洪荒的地方，联合国、海牙国际法庭、民族自决这些陌生的名词，在许多真正生活在此地的人的身上，都只如青烟似的淡薄而不真实罢了。我们，也照样地生活着，心存观望的态度，总不相信，那些旁人说的谣言会有一天跟我们的命运和前途有什么特殊的关联。"

　　三毛不曾料到，这个被她一直视作桃源之地的地方，竟也会发生如此复杂的人性争斗。可见有人烟的地方，必然会有纷扰。同饮时光的酒酿，谁敢不对命运投降？那日下午，荷西神色凝重地回家，开车带着三毛绕着镇上的外围建筑走了一圈。三毛看见一片洪流似的血字，像决堤的河水一般，在墙上泛滥着。

　　"——西班牙狗滚出我们的土地——撒哈拉万岁，游击队万岁，巴西里万岁——不要摩洛哥，不要西班牙，民族自决万岁——西班牙强盗！强盗！凶手！——我们爱巴西里！西班牙滚出去——"一道道白墙，流着鲜红的血，阴森的控诉，就这样朝他们扑去。一夜之间，就连军营的墙上，都涂满了这些血字。三毛突然被恐惧笼罩着，觉得每一个撒哈拉威人，都令她心惊胆战。

这个沙漠，她不辞辛劳，不顾山水迢遥奔赴的撒哈拉，如今已是危机四伏。撒哈拉千百年来都是连绵不绝的沙土，景致荒芜，民风淳朴。在这里，可以不争朝夕，不问春秋，不论成败，可怎么就突然剑拔弩张，山河决裂？神奇的造物者，可以赋予天地以性灵，却顾不了众生在这人间剧场演绎的悲和喜，是与非。

阿雍镇开始戒严，街上的西班牙警察拿着枪对路上的撒哈拉威人搜身。满城的年轻人早已走光了，只剩下一些可怜无辜的老人被他们摸上摸下。整个撒哈拉陷入山雨欲来风满楼的恐慌中。他们此般行为，徒增民众对西班牙殖民者的反感，因为那些游击队员不至于笨到拿着手枪上街等着人来搜查。

还忆初逢，连绵不绝的沙丘，温柔多情，长空下的海市蜃楼，如梦似幻。在这里，三毛与荷西定下终身，结为夫妇。他们白手起家，并肩风雨，望尽天涯。那么多的苦与乐，历历如昨，却不料，几载春秋，竟换了这般苍凉模样。可见人间大梦，转瞬即能白头。

"世界上没有第二个撒哈拉了，也只有对爱它的人，它才向你呈现它的美丽和温柔，将你的爱情，用它亘古不变的大地和天空，默默地回报着你，静静地承诺着对你的保证。"如果所有华美都只是短暂的邂逅，不能停留，无法持久，该是多么遗憾，多么冷落的事。

当三毛从撒哈拉威小孩的口中听到"游击队来，嗯，嗯，杀荷西，杀三毛"时，她惊呆了，像失了魂魄，这份委屈竟无从倾诉。看着灰茫茫的沙漠，更觉凄凉。她知道，她与撒哈拉的这份情不能长久了。此后山遥水远，不知道谁还会在此处，等候这位故人归来。

一九七五年十月十七日，海牙国际法庭缠讼了不知多久的西属撒哈拉问题，在千呼万喊的等待里终于有了裁决。西属撒哈拉，享有民族自决权利。当撒哈拉威人欢呼之时，荷西满面笑容地拥抱着三毛："听见了吗？如果将来西班牙和平地跟他们解决，我们还是留下去。"但三毛有预感，她忧心忡忡，觉得要大祸临头似的。

当晚撒哈拉电台的播音员突然沉痛地报告："摩洛哥国王哈珊，招募志愿军，明日开始，向西属撒哈拉和平进军。"可怕的是，哈珊招募三十万人，第二天已有两百万人签名。边界与阿雍镇，只有四十公里距离。终于，西班牙政府用扩音器在街头巷尾，呼叫着西班牙妇女儿童紧急疏散。

　　民心如决堤的河水，霎时崩溃。小镇已是风声鹤唳，危机重重。"快走！三毛，快，要来不及了。"每一个见了她的人，都这么催促着。镇上的朋友匆匆与她道别，奔往机场。一夜之间，阿雍已是一座寥落苍凉的空城。只有航空公司门外被挤得水泄不通，人们为了逃生，从此远赴天涯，不知下落。

　　如此紧要关头，荷西日日夜夜在磷矿公司的浮堤上帮忙着撤退军火、军团，不能回家顾她，三毛的处境十分危险。荷西托人给她买了机票，让她先一步飞离沙漠。三毛离开撒哈拉的时候，已是最后撤走的四位外籍妇女之一。任何的坚持，都于事无补。

　　虽是逃生，但终究难舍。当年为寻大漠风光，不惜关山万里，受尽磨砺，而今却要被迫远走。对于这乱世沙漠的眷爱，如今只剩悲哀。曾经对离别有过千百次设想，却没有一次会是这般寥落的情景。

　　此刻的撒哈拉有一种沧桑历尽的平静。三毛隐没在茫茫人海中，荒凉的沙漠已是渐行渐远，直到连一粒尘埃也看不见。耳边依稀听见，骆驼嘶叫的悲鸣。整个撒哈拉，或许只有它们还在哭泣。

这是她曾经一往情深的地方，是她梦里的情人。原以为，有一天会葬身在这片土地上，等待有缘人，寻找她的尸骨。或是随着这枯竭的河床成为永久的秘密。竟不知，几年光阴只是做了一场长梦。过客与风景，像是一对不离不弃的恋人。就这样，从晨晓到夜幕，由春秋到冬夏，走尽一生。

三毛飞离沙漠，去了加那利群岛。加那利与撒哈拉只有一水之隔。这边是浩渺大海，惊涛拍岸，那边则是苍茫沙漠，烽火硝烟。荷西为了和阿雍的磷矿公司一起撤离，继续留在了沙漠。乱世之中的漫长等待，让三毛心力交瘁，度日如年。

经过十多天的煎熬等待，荷西突然奇迹般地出现在三毛眼前，他们相拥而泣。一直以来，三毛都认为自己有未卜先知的能力，但她没有把握，荷西是否可以从炮火中平安归来。直到可以亲切地听闻到他的呼吸，才相信他们真的已经重逢。

让三毛感动的是，荷西不仅把自己带来了，还把三毛遗留在沙漠小屋里的所有东西都带来了。鸟、花、筷子、书、信件、刀、叉、碗、抹布、洗发水、药、皮包、瓶子、电视、照片，以及骆驼头骨、化石、肉松、海苔、冬菇，连一条床单都没有遗失，甚至家具也被他卖了，换回一万二千元。

　　三毛写信告诉父母，荷西是世界上最了不起的青年。那时阿雍已是一片混乱，大家都想尽办法逃离沙漠，哪里还顾得了那些身外之物。荷西却有这般能耐，借助一艘船只，满载而回。患难时期，三毛越发觉得，嫁给荷西当是今生无悔。倘若曾经有过惆怅，有过叹息，此时皆随着逝水流光，散作尘灰。

　　青春不可重来，生命无法承诺，撒哈拉让三毛找回了前世乡愁，却又丢失了今生的约定。一场聚合，一场离散，走时那般仓促，不曾互道一声珍重。撒哈拉的故事，随着那无端的动乱，恍惚的时光，一去不回。

　　一去不回。

乱世漂萍

谁说习惯了流浪的人，不惧人间无常聚散，不在乎年华仓促老去。虽是浮尘野草，对世间的一切，总有种不能割舍的依赖。

尘世间，有人种因，有人求果。佛说，烦恼即菩提，凡事不必执着妄念，懂得放下，方可释然。人在旅途，无论身处顺境或逆境，都要学会冷暖自知，随遇而安。

三毛说："明日，是一个不能逃避的东西，我没有退路。……你听说过有谁，在这世界上，不是孤独地生，不是孤独地死？"离开撒哈拉，三毛心中固然伤感，但人生在世，皆如漂萍，各有期盼，各有去留。更何况加那利岛的海上风光与撒哈拉沙漠有着异曲同工之美。回首往事，不知道那些爱过的人，邂逅过的风景，是否别来无恙。

很快，三毛与荷西在加那利岛租了一套面朝大海的美丽洋房。有宽敞的客厅，一间卧房，一间客房，洁净的浴室。所需家具也全部备好，此地的食物只需沙漠的一半价格。在沙漠居住了三年多的三毛，突然觉得加那利岛像是桃源仙境。她应该满足当下的生活，幸福欢喜地拥抱从战火中平安归来的丈夫。

然而这里不是陶渊明笔下的桃源，找不到日出而作，日落而息的朴实恬静的生活。更何况陶渊明放下了仕途之路，放下了所有兴衰荣辱，才有了他的东篱。尽管漂泊半世的三毛遍尝酸甜苦辣的日子，对身边的事物已无多少分别心，但当他们花光了积蓄，荷西又没在岛上找到工作，现实的生存问题让他们无心赏阅窗外湛蓝纯净的海上风情。

这就是生活，总是在你付出热情之时，惨淡收场。无奈之际，荷西只好风尘仆仆地奔回撒哈拉沙漠工作。那时摩洛哥军队已经杀进沙漠，撒哈拉仍旧在一片烽火战乱中。荷西冒险挣钱，三毛在岛上对着潮起潮落的海浪，胆战心惊。这种聚少离多的日子，每一天都是煎熬。

三毛对这段纷乱离散的生活，有文字记载："尽管分离短暂，但战乱之中，谁对自己的生命有信心。荷西每一趟回家，对她就像过一个重大的节日。在确定的两天之前，她就兴奋着，而他一回来，立刻跪在她面前，抱着她的腿，他不愿她看见他的眼泪，把头埋进她的牛仔裤里不肯起来。"

人的力量多么渺小，为了简单的衣食住行，要经受这般生死离别。幽居在岛上的三毛，孤寂清冷，每日黄昏都到海滩去散步，眺望只有一水之隔的撒哈拉。那里有她心系的爱人，以及割舍不断的牵挂。有一次返家的途中，她神情恍惚，出了车祸。

这次车祸使三毛伤了脊椎，住进医院。荷西只好辞去刚刚加薪的工作，回到妻子身边，细心照料。出院后，三毛再不肯让荷西回到撒哈拉。这时的三毛又患了下身出血的宿疾。从此，他们的日子，更是清贫拮据。

失业像是一个深不可测的旋涡，让这对贫贱夫妻陷入无比的哀愁中。荷西给世界各大公司发去求职信，但这位专业优良的潜水工程师落到了无人问津的地步。为了生存，骄傲的三毛甚至向台湾求援。她写信给蒋经国，希望可以给中国女婿荷西在台湾安置一份工作，待遇不计。蒋经国回信道歉，告知台湾暂无荷西适合的工作。

山穷水尽，莫过于此。他们唯一的生活来源就是三毛从遥远故乡挣来的零星稿费。失业的荷西焦急而抑郁，靠妻子的稿费来养家糊口，他更是惭愧万分。当年他求婚时，许诺过要挣钱养活太太，给她所有的幸福与安稳。可如今，他们每天只能吃一顿饭，有时是一片面包，有时是一碗方便面。贫穷可以消磨一个人所有的棱角，粉碎一切坚强。

每天清晨，荷西都去海边打鱼。童话故事里的渔翁和渔婆，原本是一幅温馨美丽的图画，三毛与荷西却丝毫感受不到执子之手的浪漫和温情。在撒哈拉，尽管他们也忍受过贫苦，但荷西每月有固定的薪水。在加那利岛，三毛算是深刻地体会到了贫贱夫妻百事哀的辛酸滋味。

骨伤刚愈，下体出血不止，三毛的身子越发虚弱。加之每日连基本的温饱都不能满足，郁积的心情让她再也无力支撑下去。三毛为求病愈，决定飞回台湾。他们的钱只够买一张机票，所以

荷西不能同行。想来就算他们有两张机票的钱，荷西也不会选择
在如此潦倒的时候，和三毛回台湾去投靠岳父岳母。作为一个男
人，他伤不起这样的自尊。

所谓近乡情怯，三毛登上回台湾的飞机时，心中感慨万千。
离家四年，她穿越苍茫沙漠，找到此生伴侣。原以为可以携爱人
幸福而归，却不料落得这般凄冷光景。自己坎坷的人生早已让父
母心力交瘁。本想让自己迷失在异乡阑珊的街头，但终究还是踏
上了归程之路。

她曾幻想过千百次回到故乡的情景，有惊喜，有失落，有温
暖，有冷漠，却始终猜想不到，等待她的是数不清的鲜花和掌
声。曾几何时，三毛的《撒哈拉的故事》已经风靡整个台北。她
的读者，如同撒哈拉的沙砾一样，纷纷洒洒。多少次，她从母亲
的来信得知，她的作品在故乡所引起的热潮。如今回国，才知道
自己早已不经意地成了被热捧的公众人物。

他们希望从这个闯过沙漠的女子身上，探寻到更多的传奇。
从沙漠归来的三毛，扎着两根麻花辫，皮肤深棕色，举手投足
间，有一种历尽万水千山的豪情与粗犷。她从荒漠归来，看尽了
太多的风土人情，那种由骨子里散发而出的魅力，足以令人为之

倾倒。

一身尘埃的三毛，像谜一般，耐人回味。接下来的日子，三毛接受一批批记者采访，写下数不胜数的读者签名，还有应接不暇的饭局。曾经那些令三毛仰慕不已的名人，如今成了交杯换盏的朋友。昔日的三毛，在文坛上没有一席之位，今天却生生地成了主角。

所以，我们永远不要质疑一个人的梦，不要轻视一个人的理想。命运总是会给许多人出其不意的安排，只是不知道，那窄窄的成功之门，有没有一扇为你我敞开。文章千古事，得失寸心知。其间的冷暖悲欢，只有经历过的人才能明白。

宴席如水，掌声如潮。这般喧哗的背景，令三毛心生迷惘。她当初去撒哈拉，为的是寻梦。几年沧桑时光，换取今日璀璨光环，这一切真的是她想要的吗？人在喧嚣中往往容易迷失自己。过惯了清静日子的三毛，似乎有些不习惯都市的繁华。

唯有在风微日落之时，回到家中，守着父母，守着那扇小窗，才可以安静片刻。就在三毛每日接受盛宴之时，远在加那利群岛的荷西失业在家，忍受着饥饿与寂寞。也许他根本无法想象，自己的妻子在台湾，深受那么多人的尊崇。文字于他，从来都没有多少柔软，多少感动。他亦无法想象，三毛的作品所能带给读者的无穷魅力。

荷西的信件让三毛如梦初醒。台北的鲜花、宴席、亲情，几乎让她忘了在加那利岛的海边小屋，还有位贫穷的丈夫在等她归去。其实她没忘，她舍不下的，不是这里的繁华，而是两鬓添了白发的双亲。此一离去，山迢路远，再回来又不知是哪年。

谁说习惯了流浪的人，不惧人间无常聚散，不在乎年华仓促老去。虽是浮尘野草，对世间的一切，总有种不能割舍的依赖。纵是一枚落叶，也希望可以在风中多流转几个轮回。有一天，当相爱的人不能再关怀自己的时候，孤独的自己需要靠昨天的回忆，来静静取暖。

台北一位姓朱的大夫，用中药秘方治好了三毛的妇疾。三毛知道，她的旅程又将开始。飘零于她来说，像是归宿。更何况在面朝大海的远方，有一个男子在为她痴痴等候。他为她，担负责任，饮尽沧桑。她不忍有丝毫的辜负，不忍。

三毛走了，离开台湾，去加那利岛寻找她的爱人。万里长空，暮雪千山，明天会以何种方式开始，让大海为她解答。什么也没有带走，什么也不能留下。只有那首叫作《橄榄树》的歌，唱了一年又一年。

"不要问我从哪里来，我的故乡在远方。为什么流浪，流浪远方，流浪……"

宿命之岛

多想做一对平凡的夫妻，一生一世封存在这座岛上，打鱼为生，看夕阳晚照，听潮起潮落。就这样活到白发苍苍，再一起慢慢老去，慢慢老去。

　　海子曾经写过一句诗："我有一所房子，面朝大海，春暖花开。"这么多年了，不知道有多少人，多少次感动于这简洁又生动的诗句。渴望抛掷尘世一切繁华，趁青春还未彻底老去之时，和一个人平凡相爱，静静相守。

　　海子没能如愿以偿，便匆忙死去。一首诗，埋葬了他浪漫的一生。三毛该是幸运的，她跋山涉水，有过一段壮美的沙漠之旅。如今又栖居在风情的岛上，有一所房子，面朝大海，春暖花开。并且，陪伴在身边，有一个爱了她十多年的男人。

尽管此时的他们，还在为一日三餐烦恼，但三毛相信，所有的坚持都会有结果。荷西经朋友介绍，到尼日利亚谋了一份差事，与一家规模很小的德国潜水公司签订了合同。但他遇到了一个苛刻的老板，他拼命地工作八个月之久，只换回几千美元。

这段时间，三毛每日伏案写作，孤影耕霞。她知道，文字于她来说，不仅是心灵的慰藉，还可以创造不菲的财富。她的集子，一册册印刷出版，稿费也源源而来。很快，荷西在美丽的丹娜丽芙岛上，找到了一份营造海边景观工程的工作。稳定的收入，让他们彻底告别了贫穷。从此，三毛过上了一卷书，一盏茶的诗意生活。

在丹娜丽芙岛的一年里，三毛深居简出，生活宁静，每天写字看风景。闲暇之余，荷西开车带她出去旅游。他们环游加那利七个岛屿，大海使三毛找回了丢失在沙漠的激情。都说两个人相处久了会心生厌倦，三毛对荷西的感情，仿佛随着光阴与日俱增。这个曾经只是浅浅住过她心里的男子，而今成了她生命里的主角，成为她文章里不可缺少的章节。

那一年的除夕，他们在丹娜丽芙岛度过。美丽的人造海滩，如梦似幻，三毛在新年钟声敲响的时候重复地许下了心愿："但愿人长久，但愿人长久，但愿人长久，但愿人长久——"他们十指相扣，好像要将彼此的生命握进永恒。

"而我的心，却是悲伤的，在一个新年刚刚来临的第一个时辰里，因为幸福满溢，我怕得悲伤。"三毛这句话说得那么惊心。与生俱来的预感，让她从这个除夕开始，就不再宁静。她不知道，那些不可卜算的将来，到底会以哪种姿态出现。但她肯定，一定不是美好的。

回到加那利岛，那间海边小屋落满了岁月的尘埃，可三毛有种倦鸟归巢的温暖。这么多年的漂泊辗转，使她热切地渴望，与爱人长相厮守，不说离别。

静了两个多月，那日三毛在院中给花洒水，收到一封荷西的电报。她竟莫名地心慌，在静好无言的日子里，任何惊扰都是错误。

原来是荷西新的工作，电报催他速去拉芭玛岛报到。拉芭玛岛，三毛环岛旅行时去过。那里山明水秀，杏花遍野，有着中国江南水乡的韵味。但三毛对那个岛没有多少喜爱。送走了荷西，三毛恍若丢失了生命的精彩。经过一星期的漫长等待，她匆匆收拾行囊，离开整洁的家。

飞机落在荒凉的机场，三毛看见了沉闷的大火山，两座黑里带火蓝的大山。瞬间，她心里有一种无法言语的闷，这闷压倒了重聚的欢乐和期待。"这个岛不对劲！"这是三毛下飞机时说的第一句话。来到这里，她心里有一阵想哭似的感觉。连她自己也说不出，这究竟是为什么。尽管此时的拉芭玛岛春光恰好，杏花正浓。

他们搬进了一所公寓旅馆，为了这份固执相守，支付了荷西大半的薪水。岛上的岁月像一个悠长的梦，一旦沉醉，便不肯醒来。但这个梦似乎总是多了一些悲情的色彩，有如那烂漫的花红，短暂地开过，又匆忙地落了。

这个岛似乎与世隔绝，看不到外地的报纸，听不到外面的消息。而三毛也习惯了这样的沉默，只守着海，守着家，守着荷西，安宁度日。以往，三毛总希望有更多独立的空间，可以安静读书，安静做梦，可现在，她总舍不得有丝毫的疏离。六年的婚姻，恍若昨天，她几乎忘了，曾经走过的那些悲欢岁月。

依山背海而筑的小城，无论是在白日，还是夜幕，都那么安详。三毛不刻意去结交朋友，时间久了，也认识了一些人。大家相聚在一起，谈笑风生，全然忘记自己来自哪里。三毛用文字这么表达过："一群岛上的疯子，在这世外桃源的天涯地角躲着做神仙。有时候，我快乐得总以为是与荷西一同死了，掉到这个没有时空的地方来。"

这不是虚幻的穿越，他们真实地活着，会哭会笑，会生会死。那时，三毛的心脏总有一种说不出的压迫感，严重之时还会绞痛。从此，她更珍惜与荷西在一起的点滴光阴。荷西每天下班后，就是美好的二人世界。黄昏的阳台上，对着大海，半杯红酒，几碟小菜，再加一盘象棋，静静地对弈到天上的星星由海中升起。

在拉芭玛岛的那段时间，应当是三毛与荷西最相爱、最依恋的岁月。他们时常静静地相拥在一起，醒到天明。这种情不自禁的偎依，究竟是为何，连三毛亦无法诠释。

那些个夜晚，三毛时常从梦里惊醒。"梦里总是在上车，上车要去什么令我害怕的地方，梦里是一个人，没有荷西。"每次醒来，看到手被荷西握着，他分明还在，泪就那么流满她的脸颊。三毛说，那是生死的预告。这个一直相信灵异鬼神和命运征兆的女子，觉得这是上苍暗示给她的死亡秘密。

她以为她会先荷西一步离开尘世，甚至悄悄去了公证处，写下遗嘱。这份预感，不知不觉地传染给了荷西。那段时间，荷西只要一空下来，就往家里跑。若三毛不在，便大街小巷去寻，一旦遇见，两人便像久别重逢一般亲密。

三毛每天买完蔬菜水果，总舍不得回家，而是到码头去找荷西。看到荷西浮出水面，才能安心。每次他下沉，三毛就在岸边痴望着，心慌意乱。在一起的同事，都不明白，是怎样的爱会让他们如此难舍难分。三毛亦觉得，明明上一秒还在一起的，明明好好地做着夫妻，怎么一分手竟魂牵梦萦起来。

结婚纪念日那天，荷西用外快给三毛买了一只罗马字的老式女用手表。荷西双手环在她身后，说了一句叫人心惊不祥的话："以后的一分一秒你都不能忘掉我，让它来替你数。"那一晚，荷西枕着海潮睡去，三毛却一夜不眠。她回想那个在大树下痴情等候她的少年，十三载春秋，他已成为与她共枕呼吸的亲人。

三毛内心无比柔软，她唤醒睡梦中的荷西，对他说："荷西，我爱你！"这几个字，荷西等了十多年，如今总算如愿以偿。六年的夫妻，荷西竟为三毛这句话泪流满面。三毛看着孩子似的荷西，痛到无所适从。

那日，三毛心口又是一阵绞痛。平静下来，她对荷西说："要是我死了，你一定答应我再娶，温柔些的女孩子好，听见没有——"荷西听后惊慌失措，自是不依，却又不知道该如何安慰她。他知道，这座美丽的岛不适合三毛。只期盼着，做完这个工程，不再续约，要带着妻子尽快离去。

三毛总以为离开的是自己，每一天，都充满恐惧、不舍与牵挂。频繁的噩梦，不断地给她启示。拉芭玛是一座悲情之岛，一座死亡之岛。多想做一对平凡的夫妻，一生一世封存在这座岛上，打鱼为生，看夕阳晚照，听潮起潮落。就这样活到白发苍苍，再一起慢慢老去，慢慢老去。

为了这份平淡的相守，三毛愿意从此止步，放弃远行，不再流浪。这渺小的心愿，终不得圆满。她能做的，就是珍惜与荷西在一起的时光，以及茫然地等待，无端地垂泪。三毛深切地知道，这不是错觉，是将有大难来临。

"那一年，我们没有过完秋天。"这座死亡之岛，给了三毛最后的预示。她的噩梦从此便没有停息，一直在美丽又荒凉的岛上轮回。

那个叫荷西的男子，三毛的爱人，永远留在了这里。他丢下了诺言，抛下了责任，独自安睡，独自长眠。

拉芭玛，一座宿命之岛，一座死亡之岛。

天上人间

经历过了，就知道，流光只是生命的旁观者。它看似与众生同游红尘，却分明遗世独立。那么多的生死离别，离合悲欢，它都坦然相待。

群山寂静，流水无言。就这样告别过往浅薄的年华，一夜之间老去。如果有一天，相爱的人突然离开，那些千恩万宠，执手相看的日子，便成了一无是处的回忆。诺言如风，谁又能在风中找寻一份想要的永远？

经历过了，就知道，流光只是生命的旁观者。它看似与众生同游红尘，却分明遗世独立。那么多的生死离别，离合悲欢，它都坦然相待。人的一生，被时光追赶，时光却依然故我，不急不缓。

三毛自诩可以未卜先知，与鬼神相通，却无力更改宿命的沟渠。直到那天，她听到荷西的死讯，才知道，噩梦的预示终于成了真。梦里是孤独的一个人，没有荷西。以为自己会寂寞地死去，却不想，她与荷西阴差阳错。奈何桥上，竟是她至爱的丈夫踽踽独行。

一九七九年，和每一个年岁一样，春荣秋枯，月缺月圆。这一年，有人享受新生的欢乐，有人背负死别的痛苦。对三毛来说，这一年是她生命里的劫。她的心，因为痛失至爱，再也没能圆满。

灾难来临之前，三毛正忙着迎接从台湾而来的父母。陈嗣庆夫妇远游欧洲，一路赏阅西方的名胜古迹，也为了探望远别的女儿女婿。双亲的到来，让三毛暂忘噩梦里可怕的预示，她希望相聚的快乐可以驱散未可知的离别。

不知道如何称呼岳父岳母的荷西，在三毛父母到来之时，竟然用中国话喊了"爸爸，妈妈——"三毛为此感动得落泪。从来不讲中国话的荷西，竟对初次谋面的父母，有了这样的呼喊。可见他对三毛有多么深刻的爱。陈嗣庆夫妇看着这位厚道的年轻人，想起女儿多年来的情感历程，亦是感慨万千，热泪盈眶。

三毛的父母陪着她在岛上居住了近一个月。一个月的时间，这对夫妇真切地感受到了三毛不与世同的生活。让他们担忧了半辈子的小女儿，到现在依旧让他们放不下对她的牵挂。尽管三毛往日孤僻的脾气和性格已经随着岁月的磨炼而淡化，尽管她的身边已经有了一位携手共度人生的男人，父母的爱却是永恒。

后来陈嗣庆在写给三毛的信中，这么说道："你的丈夫也相同性格，所以你们相处起来彼此欣赏。在一个普通而安适的环境里，你们这种族类，却可以把日子搞得甚富情趣，也可以无风起浪，演出你们的内心突破剧，不肯庸庸碌碌度日子，自甘把自己走向大化。我不知，到底这是太爱生命，还是什么旁的东西。"

这位慈祥的父亲，骨子里有着与女儿一样浪漫的情结。所以他能够深刻地理解，三毛梦里的河山，是萧瑟苍凉的沙漠，是浩渺无垠的海岛。

后来，三毛陪父母去伦敦旅行。在拉芭玛岛的机场，荷西为他们送别。约定好了，来年陪同三毛一起回台湾。约定好了，会一生一世照料他们的小女儿。可他失约了。三毛没有想到，这次挥别，竟是永诀。

一架小型的螺旋桨飞机，载走了最后的相逢。回眸的那一瞬，至爱的人，已成了不可触摸的云烟。飞机上，三毛邂逅了一个路人，她递给三毛一张名片，上面写着她是某某某的未亡人。这是西班牙的风俗，守寡的妇女都要在自己的名字前加上"某某某的未亡人"。然而三毛看到这几个字，突然莫名地心慌。一种不祥的预感如潮水般涌来，将她淹没，淹没……

不料两天后，荷西在潜水中意外丧生，三毛就这样成了未亡人。那日，荷西像往常一样潜入海底，便再也没有浮出水面。这个一生痴恋大海的人，用生命交付他的情深，留下遗憾给他爱了十三年的女人。从此，三毛的神情有了一份永远也抹不去的哀愁。

这就是人生，不能如人所愿的人生。三毛闻得噩耗，随父母从英国一同赶往拉芭玛岛。她跪倒在海外，痛苦地呼喊，乞求上帝让荷西能够回家，哪怕是尸首。可回应她的，只是汹涌的海浪涛声。可怜的三毛，一夜白头。

"我说上帝，我用所有的忏悔，向你换回荷西，哪怕手断了，脸丑了，都无所谓，一定要把我的荷西还给我。陪我的西班牙老太太告诉我，她看着我的头发一夜间，一点点地都变白了。"

天可怜见。两天后，荷西的尸首被打捞起来。但被海水浸泡了几天的荷西已经全身僵硬，面容十分难看。三毛不顾一切扑倒在丈夫的怀里，放声痛哭。这凄惨的情景，让陈嗣庆夫妇仿佛回到当年，三毛的未婚夫因心脏病突发死亡，三毛血泪模糊看着他被钉进棺木。为什么悲剧要在这个善良的女子身上，一次次重演？

听着三毛凄切的哭声，荷西的伤口该是流血不止。三毛相信，在另一个幽冥世界，荷西一直可以感应到凡间的一切。只是他不能再一次把爱妻拥入怀中，不能再给她一丝温暖。三毛守在荷西的灵前，回首一起走过的时光，觉得她给他的爱，太少太少。

她知道，她真的永远地失去了荷西，是真的。这座死亡之岛，夺走了她的爱人，以及她对人世间的最后一份留恋。但她不敢死，年迈的双亲尚在，她如何能够死。或许荷西不忍心让三毛一个人孤独地心伤，所以选择在她有父母的陪伴时离开人间。抛下至爱的人，是多么不舍，可有限的生命，只给得起这一点点，一点点时间。

夜里，三毛独自为荷西守灵。她希望可以在这间小屋，与荷西静静度过最后一夜，今生今世最后一个相聚相依的夜。握着那双冰凉苍白的手，三毛知道，荷西再也不会回来了。白烛有恨，为人泪垂到天明。

荷西的墓地选在他生前与三毛经常去散步的陵园。那是一处高岗，在那儿可以看到荷西以前工作的地方，看见这座美丽古老的小镇，看到蓝色辽阔的大海。曾经他们携手在这里看风景，可今天荷西葬身于黄土之下，与这片土地做永恒的知己。

"我要亲自把坟挖好，一铲一铲的泥土和着我的泪水，心里想，荷西死在他另一个情人的怀抱里——大海，应也无憾了。"三毛亲自为荷西挖坟，这是她唯一能为他做的事，以此报答这么多年丈夫对她的宠爱。

不到三十岁的荷西，被永远地葬在美丽的拉芭玛岛。这是一个不能制止的悲剧，所幸的是，陪伴他的有昼夜不息的海浪，他爱的大海。

原以为三毛可以从此平淡，与荷西终老在这个小岛，不再流浪。只安静地守着小小的家，写着淡泊的文字，忍受贫穷与无闻。事与愿违，他们终究还是被迫永诀，不能躲闪。三毛被伤得太深，她每天靠注射镇静剂来缓解痛苦。

荷西这个名字，似锐利的尖刀，狠狠地划破她的心口，日日夜夜，流着伤痛的血。这伤痕，这破碎，再也不能愈合。多少次梦里醒来，都听得见她撕心裂肺的哭喊声：荷西回来！荷西回来！

每天起来，三毛第一件事就是去墓园，陪伴她长眠的丈夫。小时候，三毛曾说过，死去的人是最温柔的。她孤独地坐到黄昏，希望温柔的丈夫可以给她一个微笑，说一句话语。等候那么久，只有清风给她一个浅浅的拥抱，明月为她送别。

三毛去了木匠店，请人给荷西的坟做了一个十字架，写了个简单的铭文：荷西·马利安·葛罗。安息。你的妻子纪念你。

她一次次亲吻这个名字，抚摸这个名字。希望通过这个十字架给死去的丈夫传递一丝尘世的暖意，传递她深刻的怀念。三毛觉得，这冰冷的黄土埋葬的不只是荷西，还有她自己。

陈嗣庆夫妇再也不忍心让女儿孤独地留在这个岛上，他们近乎哀求三毛，希望她可以陪他们回台湾。看着老泪纵横的父母，三毛答应先回一趟中国。她告诉沉睡在地底的荷西，她只是回一趟中国，不久后，她一定会守诺归来。来他的坟前，陪他一起看云卷云舒，听潮起潮落。

走之前，三毛趴在荷西的坟上痛哭。她拼命挖土，直至十指挖出鲜血。她希望可以把他挖出来，再紧紧拥抱一次，直到一起烂成白骨。悲恸欲绝的父母上前将她带走，他们无力承受女儿这般折磨自己。

离开这里吧，让死去的爱人，可以真正地安息。从此，这个叫三毛的女子，只能带着一种残缺的凄美独走天涯。那个秋天，拉芭玛岛的红叶似血，火山如蓝。

直到那么一天，她有足够的勇气面对这场死别，再回来陪她的爱人，好好地说一夜情话，唱一首情歌。

记得当时年纪小，
你爱谈天我爱笑。
有一回并肩坐在桃树下，
风在林梢鸟儿在叫，
我们不知怎样睡着了，
梦里花落知多少。

第六卷 ◎ 滚滚红尘聚与散

—— 你是锦瑟 —— 我为流年 ——

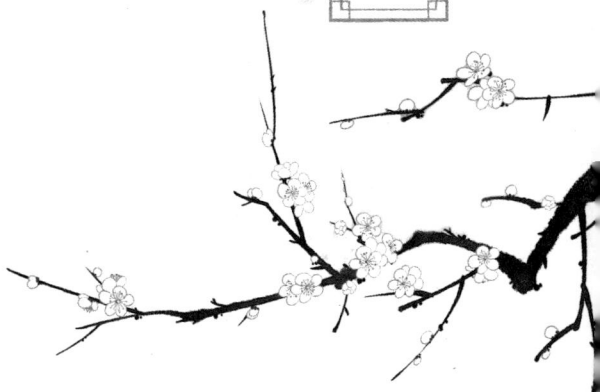

万水千山

曾经换过心的人，约定好了一生一世厮
守的人，也不过是匆匆过客。

你轻轻地走过

淡淡的人生

像尘埃的来去从不留痕迹

很多的画面串起一个你

就在春来秋去的路途里

生命是一个匆匆的过客

在一切还未尝尽时离去

晚风中刻画一个不完整的梦

我们拿什么去忆昨天的你

…………

　　苏曼的这首《忆》，似乎很适合此时的三毛。一个失去至爱，带着一身伤痕与尘埃归来的女子。曾经换过心的人，约定好了一生一世厮守的人，也不过是匆匆过客。一起尝过酸甜苦辣，背负了兴衰荣辱，可没有道一声珍重，就那样从生命中淡淡离去，留下一地悲伤给活着的人。

　　如何就走到今天这般境地。像戏剧一样的故事，重复在一个人身上发生，是巧合还是杜撰？正因为这些离合聚散的故事，这些来去飘忽的缘分，三毛成了一个传奇人物。其实她只是一个和孤独相依的女子，有一天，爱上了流浪，从此弄假成真。原本有了可以相伴同行的人，到最后，都散落天涯。

　　多年后，台湾文化界流传着一个与荷西相关的谣言。有人说，荷西并没有死，只是与三毛感情不和而离了婚；更有人说，这世上根本就没有荷西这个人存在。三毛从未有过这样一个异国丈夫，一切都是她虚构的。

谣言如风，风过无痕。但三毛为此事而烦恼不已，精神恍惚。这个与她相识十三年、共枕七年的男子，这个陪她走过撒哈拉沙漠、与他同甘共苦的男子，这个为她一生情深、至死不能瞑目的男子，被莫名说成了虚幻人物，成了编造的情节。

我自是相信，像三毛这样不加修饰、自然天成的女子，不屑去为自己安排故事。她本身就是传奇，无须再去杜撰传奇。直到那一天，她历尽尘劫，才选择和我们永远沉默。

随父母一同回到台湾的三毛，依旧沉浸在荷西死亡的阴霾里。支撑不下去的时候，她想到了死。任凭父母声泪俱下地劝说，自杀的念头一直在她脑中徘徊。台湾著名女作家琼瑶视三毛为好友，为了劝她打消轻生的想法，与她长谈了七个小时。一定要听到她肯定的承诺，方肯作罢。经过多人的苦心相劝，三毛总算暂且稳定了心绪。

几个月后，三毛走过千山万水，回到了拉芭玛岛。尽管这是一座巫风兴盛的岛，但她必须归来。她承诺过荷西，会回来陪他。她不能在丈夫死后，独自留在台湾安享鲜花与掌声。她知道，她若不来，他不能安睡。

下了飞机，三毛去镇上买完鲜花，直接奔赴墓园。这是死别后的重逢，三毛看着荷西的墓，有着万箭穿心的痛。黄土之下，埋着她至亲至爱的人，只是他再也不能握一次她的手，不能为她擦拭眼角的泪。

"来，让我再抱你一次，就算你已成白骨，仍是春闺梦里相思又相思的亲人啊！……这段时光只是我们的，谁也不能在一旁，荷西，不要急，今天，明天，后天，便是在你的身畔坐到天黑，坐到我也一同睡去。"

是的，为了陪伴死去的丈夫，为了荷西的灵魂不寂寞，三毛选择在加那利岛隐居，静静地度过了一年光阴。虽然三毛早已习惯了孤独，可是孀居生活怎比得了以往单身的逍遥自在？那时候，她独自流浪，天涯是家。看惯了苍茫的风景，洞穿了尘世的一切，却怎么也躲不过情关。

加那利群岛有一所面朝大海，春暖花开的房子。这座岛上留下他们太多美丽哀伤的过往。曾经她期待可以与荷西在这座岛上，守着这所浪漫的屋子，终老一生。可现在的三毛，只能依靠着那些飘忽的回忆过活，幻想着自己与荷西的灵魂沟通。

多少次从梦里笑醒，又在现实中哭着睡去。她有时甚至觉得自己死了，与荷西躺在冰冷的泥土里，再也不用分离。可荷西没有沉睡在身畔，她分明握不到他的手，听不见他的低唤。

每次站在美丽的加那利海滩，远眺对岸的拉芭玛岛，三毛就痛得不能呼吸。那座岛上有她长眠的丈夫，他在坟墓里，安静地睡着。她必须以这样的距离，这样的姿态，不远不近地将他守候。做一个守坟人，等十字架上的油漆干了，她要一次次涂新。

"荷西·马利安·葛罗。安息。你的妻子纪念你。"就这样一笔又一笔重新描好。她只是在做一个妻子应该做的事，那就是照料死去的丈夫。而后，拿出口琴，轻轻地吹一曲最喜欢的歌曲《甜蜜的家庭》。

心里依旧是一片冰天雪地，但她希望这样的偎依，可以抹去一点点悲伤，一点点就好。三毛总觉得，荷西的灵魂早已不在黄土之下，他的灵魂一直陪着她。"荷西，那么让我靠在你身边。再没有眼泪，再没有恸哭，我只是要靠着你，一如过去的年年月月。"

"到底跟荷西是永远地聚了还是永远地散了？自己还是迷糊，还是一问便泪出，这两个字的真真假假自己就头一个没弄清楚过，又跟人家去乱说什么呢？"

隐居了一年的三毛，似乎在某个瞬间顿悟。她觉得，只要两个人心意相通，哪怕是天人永隔，也可以厮守在一起。一年前，她来到加那利岛，决意老死在此，永伴荷西，不归红尘。一年后，三毛结束孀居的日子，她要打点行装，带着荷西的魂魄，一起回台湾去。

十四年的流浪生涯，她真的累了。一九八一年，三十八岁的三毛回到台湾定居。失去荷西，她心如死灰，但父母的牵挂和宠爱，让她再也不敢辜负。如果说，她前世亏欠了沙漠，今生她已还清了。如果说，她欠荷西一段情，那么嫁给他之后，也曾过了七年朝夕相处的神仙眷侣般的生活。而父母之恩，才是她一生一世也还不了的情债。

繁华的都市与隐逸的海岛，是两个截然不同的世界。回到台湾的三毛，忙得没有多余的时间去悲伤。作为台湾畅销书作家，她每天被许多少男少女热情追捧着。多年清淡生活，而今突然立于万丈光芒之下，让三毛觉得浮名累人。

唯一可以安静藏身的就是家。流浪了这么多年，只有家会永远地收留她。父母才是她永生的乡愁。在家里，她可以封闭自己，可以安静写字。她终究没有走出荷西死亡的阴影，但是她的作品越发地沉入内心世界。时间给了她很深的伤，也给了她太多阴晴冷暖的故事。

一九八一年十一月，三毛受《联合报》的赞助，往中南美洲旅行了半年之久。她游走了墨西哥、洪都拉斯、哥斯达黎加、巴拿马、哥伦比亚、厄瓜多尔、秘鲁、玻利维亚、智利、阿根廷、乌拉圭、巴西等十多个国家。一路上，三毛用她的笔记载了各国的风土人情，名胜古迹。后来这些文字，都收录在《万水千山走遍》集子中。

三毛的确是一位值得令人欣赏的女子，令人敬佩的作家。经受了生离死别的三毛，带着柔弱的身体，深刻的情伤，还能不畏艰辛地远走各国。将她的所见所闻，用她的情怀、她的文字，为我们描述万水千山之外的神奇际遇。

读过三毛的游记，让我们相信，风景也可以疗伤。开阔的视野、深厚的阅历，让千疮百孔的三毛渐渐地恢复初时模样。三毛这个名字，已经传遍华文世界，仿佛人人都在谈论她的故事，期待一睹这位传奇作家的落落风采。

只是这个曾经执意要远离人群、不与世同的孤僻女子，真的愿意卷入滚滚红尘吗？深爱苍茫的三毛，走过千山万水的三毛，是否可以在拥挤的人海中，展现她的质朴、洒脱，得到众生的宽容与珍爱？

生命是一个匆匆的过客，在一切还未尝尽时离去。在春来秋去的路途里，如何，如何还能遇见昨天的那个你。

洗尽铅华

世事原本就虚实相生，又何必过于清醒，更无须耽溺于悲伤。就算执手相依的人离你远去，一个人也要笑看风云。

人生如萍，相忘烟水。那些锦衣夜行，风餐露宿的日子总算到了终点。一路上，看着掠过的尘世浮生，万千世象，皆化作梦幻泡影。始终相信，走过残枝落叶的今天，明日定然是花好月圆。

鸟倦知返，流云尚且寻找归宿，何况是人。车水马龙、喧闹沸腾的人间，总是需要一个安静的居所，让心留白。世事原本就虚实相生，又何必过于清醒，更无须耽溺于悲伤。就算执手相依的人离你远去，一个人也要笑看风云。

从南美洲远游归来的三毛亦觉身心疲惫，在台北须找一方安静之处，搁放灵魂。但一回台北，三毛就开始没完没了的座谈会、演讲会，还要应酬饭局。甚至连父母无微不至的关爱，这浓得化不开的亲情亦让她觉得负重。独处的时候，唯有内心的时光是清亮而明净的。

写作和教书突然成了三毛生命里的全部。一九八二年九月，三毛重回文化大学任教，授小说创作和散文习作两门课程。三毛这一生，除了流浪各国、伏案写作，就只有教书这份职业了。她曾经说过："教学，是一件有耕耘有收获又有大快乐的事情。"她并不是一个喜爱热闹的人，却愿意将自己的人生阅历传递给那些有情怀的人。

中国文学是三毛骨子里的至爱。今生她所愿，就是看尽世间风景万千，写尽红尘离合故事。十年前，三毛是文化大学一个默默无闻的德文助教。十年后，她已是声名远扬的作家。三毛授第一堂课，有着盛况空前的热闹场景。前去听课的学生，无非是想见见这位传奇作家的风采。

三毛教书，十分认真。每天晚上，要大量阅读课材，做好充分准备。以她多年来的游历生涯，以及她的写作经验，自是能够给学生带来耳目一新的感觉。三毛的课极为生动，她用自己的写作心得来启发学生的创作潜能。她讲课如同说故事一样，趣味横生。

从《红楼梦》到《水浒传》，三毛将这两本自己最爱的文学巨著耐心地给学生讲解。撒哈拉的那段沧桑历程，亦是学子们最爱听的一段故事。三毛常说，生命不在于长短，而在于是否痛快地活过。尽管她这一生经历了太多风雨，但是她真实地爱过，拥有过，所以无论命运将会给她安排怎样的结局，她都无悔。

为了写作，为了教书，三毛透支健康，燃烧灵魂。这样不余一点时间，是怕寂寞之时会不由自主地沉浸在悲伤的回忆中。曾经的三毛说过，先走的人是幸福的，留下来的并不是强者。当她体味到失去爱人彻心的苦、切肤的痛时却说："为了爱的缘故，这永别的苦杯，还是让我来喝下吧！"

总盼着，有苦尽甘来的一日。既是忘不了旧誓前盟，她唯一能做的，是让自己不断地忙碌。耕云种月，不为收获，只为风烟弥漫的日子，可以沉着俱净。"有时候，我们要对自己残忍一点，不必过分纵容自己的哀怜。大悲，而后生存，胜于不死不活地跟那些小哀小愁日日讨价还价。”

母亲缪进兰说：“三毛现在除了在文化大学中文系文艺组教书，每月有三个固定专栏要写，兴趣来时自己又要再写七八千字，然后每个月看完五十本以上的书，剩下的时间，有排不完的演讲和访问……看到女儿无日无夜地忙，我的心里多么不忍，总以为，她回家了，结束流浪生涯，离开那个充满悲苦记忆的小岛，三毛可以快乐地在自己的土地上，说自己的语言，做自己喜欢的事，开始她的新生。”

然而忙碌的生活，真的是新生吗？出版完游记《万水千山走遍》，三毛依旧不肯歇笔，每日除了备课，就是写作。她终究病倒了。三毛为了静养身子，只好远离纷扰的台北，赴美国疗养。她辞去了教职，踏上远行的路。

这一生，仿佛所有的路，注定得一个人走。寻梦之路，远行之路，哪怕是最后终极的死亡之路，都是孤独的自己走完。三毛在美国治好了病，简短地休息了一段时日，便回到台北。她决心告别讲坛，只专心做一件事，那就是写作。

她将所有的浮华都关在了门外，只和文字做朋友。她拒绝所有的鲜花，不与任何人交往，不接电话，不看报纸，甚至连吃饭、睡觉都成了可有可无的事。当我们在那些月明风清的日子泡一杯香茗，捧书静读的时候，却不知那个操纵文字的人所付出的心血。

也许我们能够看到的，更多的是这位著名作家耀眼的光环，但难以深刻体会她背后所付出的艰辛。尽管也为三毛传奇的人生际遇感叹不已，可所有的荣辱悲欢，都是别人的烟火。真正疼痛的，只是那个置身于文字中的主角。佛家说，我执是痛苦的根源。而三毛一直承认自己是一个我执很深的人，无我则不能成文。

三毛的诸多作品，字字句句，点点滴滴，写的都是她自己的经历、情感与故事。她不愿意虚构情节，只觉得用生命写就的文字，真实感人，值得用一生来铭记。这几年时间，她给自己制订了大量的写作计划：《倾城》《谈心》《随想》等多部作品，都是三毛在极短的时间内完成的。

三毛这样透支明天写作，让她原本就柔弱的身体更加虚弱。她一度丧失记忆，精神恍惚。那一段日子，又赶上母亲和好友杨淑惠均患癌症住院。善变的世事，多舛的命运，给不平静的生活雪上添霜。一次，三毛去医院探望杨淑惠，走在茫茫人海中，竟忘了归家的路。

待一切尘埃落定，已是一九八六年。精神衰弱逼迫三毛放下纸笔，飞往美国疗养。远离人群，每日看鸟从檐角穿飞，看云在窗前漫步，看花静静地开，叶缓缓地落，才明白寂寞与宁静是人生最大的幸福。可惜纷繁的世事，让她不能在寂寞里闲度余生。

漂泊在外的日子里，难免会生出一些情节，发生一些故事。失去荷西的三毛，已是心如止水。她觉得以后的人生，再也不会有爱情发生。倘若求不得真正的安稳，得过且过，也可以活出别样滋味。

这一年，三毛还去了离别两年之久的加那利岛。来这里，不仅是为了探看荷西的墓地，也是与这座美丽的海岛诀别。这间关闭了两年的海边小屋，除了落了那么一点尘埃，屋内的摆设没有丝毫改变。

那个曾经与她一起听海潮、下象棋、看月亮的人，早已是落花随流水，去了天上人间。夜里静下来的时候，三毛还是会忍不住回忆，直到泪流满面，直到朝霞从海边冉冉升起。万物都可以轮回，只有死亡，是永远地寂灭。

远眺大海，想起荷西过往的承诺，此刻薄弱到抵不过一缕清风，半弯明月。他走了，留在三毛心中的暗伤，再也无法恢复。爱情——一个美丽却缥缈，温馨又寒冷，耐人追寻亦值得敬畏的词。在今生有限的岁月里，三毛拥有过，也失去过。

离开吧，与这里的一切诀别。否则，回忆会不依不饶地将她缠绕，否则，她没法给脱胎换骨的自己一个交代。让沉睡的人永远沉睡，而活着的人挨过一段漫长的光阴，看尽苍凉，便会垂垂老去。那时候，所有的故事，都留给后人评说。

荷西，她生命里最珍爱的人。三毛最后一次亲吻了他的名字，转身离去。她知道，从今以后，牵挂已是多余。她与荷西不会别离太久，有一天终将殊途同归。

别了，拉芭玛岛；别了，加那利岛；别了，荷西。她变卖了房子，给屋子里所有的宝贝各自找了新的主人。她离开了波涛汹涌的大西洋，从此彻底忘记这里发生过的悲剧。

再美的开始，都将冷落收场。她愿化作轻舟，漂泊去了无人烟的彼岸，满足地老去。从此甘心为茧，永不化蝶。

滚滚红尘

戏剧落幕，寡淡收场。人生幻灭，荣枯有定。这红尘到底不是想象中的模样。不承想，走过一生风霜，百转千回后，依旧只是独自转身。落寞，悲伤。

光阴到底为何物？如风似烟，触摸不到，可明明一直如影相随。每个人都是背着时间匆匆赶路，看春水秋风，云来云往，匆匆几十载，转瞬白头。

经历太多，日子越发地单薄清瘦，对世事开始寡淡相看，时常无言以对。一个人静下来，把所有的过往梳理一遍，才发觉人生故事翻来覆去地已经演了好几回，何曾还有什么角色值得扮演。唯有山川河流、春夏秋冬是永远看不倦的文章，活着一日，便伴读一日。

三毛回到台北，重新过上了伏案写作的日子。一个人生下来，该做什么事，该过什么生活，似乎早已安排好了。自小就与文字结缘的三毛，兜兜转转几十年，还是离不了笔墨纸砚。失去了爱情，她的人生仿佛也随之晦涩，变得简单而素白。没有故事填充的岁月，时光如流水般仓促，三毛知道，日子已所剩无多。

转眼已是一九八九年，这个春天对三毛来说，却是姹紫嫣红的景致。她来到了四十余年不曾回归的大陆，见到《三毛流浪记》的作者、著名老漫画家张乐平，游玩了江南美景，还回了故乡浙江舟山祭祖探亲。

一年前，三毛通过湖南某日报给上海的张乐平写了一封信。信的内容写出她这么多年来，对他的仰慕之情。三毛这个笔名，以及她半生的流浪，和张乐平笔下的《三毛流浪记》有一段难解的渊源。她告诉张乐平，他的书给了她一个丰富的童年。

年近八十的张乐平，那时在上海一家医院疗养。这封意外的

信，给他的暮年带来了惊喜。他口述回了一封信，并用颤抖的手
为三毛画了一幅像，作为纪念。后来，三毛干脆认这位老者为爸
爸。缘分，让这对隔了四十多年熟悉的陌生人，得以相聚。

人间四月，江南桃红柳绿，春意盎然。三毛登上了去上海虹
桥的飞机。下机后，直接去徐家汇五原路，寻找张乐平。年迈的
老漫画家在风中相迎，虽是初时相见，却有如久别重逢。

三毛后来说过："我原来一直有一点困惑，为什么一个姓
陈，一个姓张，完全不相干的两个人，又隔了四十年的沧桑，竟
会这样亲密地沟通和接近。现在我明白了，我和爸爸在艺术精神
与人生态度、品位上有许多相似之处，所以才能相知相亲，不仅
能成父女，还是朋友、知己。有这样的爸爸、这样的家庭，我感
到幸福。"

可见他们的情缘有多深刻。在感情方面，三毛一直是个敢爱
敢恨，随性哭笑的人。她质朴单纯，善良真实。她在张乐平家里
住了五天。这五天，他们对坐品茶，谈文字，谈人生，谈世事。
尽管他们之间相差了几十年光阴，却丝毫没有距离。

空闲的时候，三毛独自游览上海的名胜古迹，去了最爱的大

观园，还有周庄古镇。看惯了大漠风光与异国风情的三毛，被这烟雨如画的江南春色撩拨得内心潮湿而柔软。这些温情她一直藏于内心深处，纯粹到不染一丝尘埃。

"原来姹紫嫣红开遍，似这般都付与断井颓垣。良辰美景奈何天，赏心乐事谁家院？朝飞暮卷，云霞翠轩；雨丝风片，烟波画船。银屏人忒看的这韶光贱。"听一场《牡丹亭》的昆曲，惊觉戏剧里的人生，竟是那般地葱茏美丽。如花美眷，似水流年，三毛知道，她还欠下了江南水乡一段情缘。

与张乐平道别后，三毛乘船去了浙江舟山。一路上，看垂柳画桥，飞鸟烟波，这些景致和梦里的红楼一样，温柔繁华。可她不是元春，以高贵的身份归家省亲。她只是一个飘零多年的行客，在迟暮之龄，返回家乡，看一看梦过千百回的故里与亲人。

三毛去了陈家祠堂，郑重地施以祭礼。又去了祖父陈宗绪的墓地，点香跪拜，泣不成声。她甚至取了坟前的一抔乡土，藏于木盒中。又从祖屋的古井里，舀了一瓢泉水，装在瓶内。她要将这些带回台湾，这是故土最珍贵的礼物。等到哪一天，思念故乡的时候，就拿出来，喝上几口，聊慰心怀。

这次回归故乡，三毛所做的种种，她的情感、礼节，宛若旧时中国的传统妇女。也许很多人不明白，这位离经叛道、放纵不羁的女子，这位游历各国，在西学熏陶中成长的女子，如何会对中国传统习俗有着这般敬畏与尊重。其实，在三毛的骨子深处，一直痴迷中国文化，眷恋故土。虽然她一生天涯，但她的心从未在这片土地上消失过。

从大陆返台的三毛，选择离开父母的家，搬进了自己的公寓。她给父母留下一封信，什么都没有带走，包括她一生珍藏的心爱宝贝，以及荷西的照片，一样都没有动。这一次，她大概是真的放下了。家人说，她从大陆回来有着明显的转变，她的魂魄好似留在了那儿。

后来便有了三毛的第一个中文剧本，也是她唯一的电影剧本——《滚滚红尘》。她仿佛以这种方式来诠释今生那些没有讲完的故事。曹雪芹写《红楼梦》，让世人在书本中、戏剧里，探寻和猜测他华贵与悲绝的一生。而三毛以《滚滚红尘》作为此生的绝笔，给后人留下永久的传奇，设下永远的谜题。

一九九〇年，三毛在香港导演严浩的多次请求下，写了《滚滚红尘》。三毛说过："没有严浩导演，就没有这个剧本的诞生。"她还说过："这确实是一部好戏。古人说，曲高和寡。我们希望这部戏能有一个飞跃：曲高和众，既叫好又叫座。"

人间万事皆有前因，这个一生爱好电影的作家，却从没想过自己有一天会走进这个圈子里。她总认为，在万丈光芒、繁花似锦的背后，会有挡不住的寂寞和冷落。所以她甘愿放逐自我，在撒哈拉沙漠拾荒，于西大洋海岸垂钓。

走遍万水千山，终究要有停歇脚步的时候。起先严浩邀请三毛写剧本，她都以各种理由推掉了。后来严浩约了当时的红角秦汉和林青霞，把三毛请到餐馆。几人一起劝说三毛，希望能够与她合作。三毛只推说可能要去远行，没有正面承诺。当天，三毛喝醉了酒，回家不小心失足，摔下了楼。这一摔，不仅住进了医院，也跌入了滚滚红尘。

病床上的三毛，开始费尽心血创作她的剧本——《滚滚红尘》。"痛切心肺的开始，一路写来疼痛难休，脱稿后只能到大陆浪漫放逐，一年半载都不能做别的事。"几个月后，她将厚厚一沓稿纸送至严浩、秦汉和林青霞面前。读完剧本，三人深受感动。当年，《滚滚红尘》便投入拍摄。

作为编剧的三毛，将自己投入这场红尘烟火中，倾注了所有的心性柔情。经过那么多个日夜的辛勤劳作，最后《滚滚红尘》获得了台湾电影金马奖十二项提名。从来不喜竞争、不慕虚名的三毛，因这部电影被莫名地卷入了金马奖的激烈角逐中。

毫无办法，她只好拿人生作注，押上所有筹码，等待最终的输赢。一九九〇年十二月十五日，三毛盛装出席第二十七届金马奖颁奖典礼。金马奖评委宣布：电影《滚滚红尘》获得最佳剧情片、最佳导演、最佳女主角、最佳女配角等八个奖项。三毛角逐最佳编剧，可惜未获奖。

戏剧落幕，寡淡收场。人生幻灭，荣枯有定。这红尘到底不是想象中的模样。不承想，走过一生风霜，百转千回后，依旧只是独自转身。落寞，悲伤。

星移物转，沧海桑田。江湖还是昔日的江湖，三毛还是当年的三毛。

遥远地方

人生这本书，读懂了，平添烦恼和惆怅；读不懂，又徒留遗憾与感伤。

在那遥远的地方有位好姑娘

人们走过她的帐房都要回头留恋地张望

她那粉红的笑脸好像红太阳

她那活泼动人的眼睛好像晚上明媚的月亮

我愿抛弃了财产跟她去放羊

　　每天看着那粉红的笑脸和那美丽金边的衣裳

　　我愿做一只小羊跟在她身旁

　　我愿每天她拿着细细的皮鞭不断轻轻打在我身上

　　…………

　　一首优美动听的歌曲，将我们带去那遥远的地方，邂逅一位美丽善良的牧羊女。从此，愿意舍弃尘世一切繁华，流浪在草原，陪她放羊，从晨起到日落，由青丝到白发。

　　这首歌是著名的民族音乐家王洛宾所创作。有一年朝圣，他认识了一位美丽的卓玛姑娘。这个十七岁的如花少女，含羞又温柔地用牧羊鞭轻轻地打了年轻的王洛宾一下。只这一鞭钟情，结识短短三天，王洛宾便为她创作了绝代名曲——《在那遥远的地方》。

　　她打红尘而来，带着美丽的约定和沧桑的诺言。她带来一颗温柔而勇敢的心，带来了一件精美的藏族衣裙。她是三毛，不辞辛劳，跋山涉水来到遥远的乌鲁木齐。因为在这里，有一个她牵挂的老者，有一处她今生最后一次渴望的归所。抵达这里的时候，已近初秋。

其实早在当年四月，三毛曾随台湾一个旅行团到敦煌、吐鲁番旅游。后来她来到乌鲁木齐，有两天时间停留，便独自去寻找王洛宾。在相遇之前，王洛宾对这位台湾作家可谓一无所知。这些年的西北独居，他只是沉浸在自己的音乐世界里，纷乱的人间世界皆被他关在冷清的门外。

出于礼貌，他还是接待了三毛。直到那晚，王洛宾去宾馆为三毛送行。当他在服务台询问三毛房间时，惊动了宾馆上下。男女服务生们奔走相告，一时间搬来许多大陆出版的三毛著作，请三毛签名。这时的王洛宾才知道，这位来自台湾的年轻女作家早负盛名。

匆匆离别，来不及说告别的话语。但三毛约定好一定还会再来看他，请王洛宾记得给她写信。她毫不掩饰的热情，让年近八旬的王洛宾十分感动。在老人的心底，她像一个孩子，真诚，热烈。

三毛这趟丝绸之路，为何会来寻找王洛宾，一切都因为她的好友夏婕。夏婕曾于一九八八年在新疆采访过王洛宾，后在《台湾日报》上发表了几篇《王洛宾老人的故事》。她跟三毛讲述过王洛宾坎坷的人生历程。三毛自小听过《在那遥远的地方》和

《达坂城的姑娘》。当她得知这个传奇老人还活于人世，并孤独地守候在美丽的新疆时，便决意有一天一定要去探望他。

一场短暂的相逢，让三毛的心再也不能平静。对乌鲁木齐那个冷清的家，那个孤独的老人有着难以说清的温柔与牵怀。她为王洛宾的人生阅历和艺术才华所倾倒，在复杂交错的情感里，有敬佩、有感动、有爱慕、有同情，还有许多她亦无法诠释的因果。

三毛清楚地知道，她的心已经交付了那片大西北土地。她隐约觉得，那片荒原似乎可以种植一段新的爱情。不要问她为什么，也许是多年的流浪生涯，让三毛觉得和这位饱经风霜的艺术家可以毫无顾忌地灵魂相通。在她的认识里，真正的情感可以模糊年龄，淡漠贫富，不分地域，不计时间。

海峡两岸，鸿雁传书。三毛对待情感总是那么单纯而真挚。她希望，能够把内心的温暖，更多地传递给远方那位孤独的老人。她从不认为，世俗的藩篱会成为他们之间无法逾越的沟渠。她甚至不能肯定，她对王洛宾到底是怎样的一种情感。但那些个日夜，她会不由自主地想念那座城，想念住在城里的那个人。

垂暮之心的王洛宾似乎感受到了一些什么。尽管他已人过黄昏，但对一个艺术家来说，在他内心深处，对爱永远藏有一份浪漫与温情。但他写信告诉三毛："萧伯纳那柄破旧的阳伞，早已失去了伞的作用，他出门带着它，只能当作拐杖用，而我就像萧伯纳那柄破旧的阳伞。"

三毛却责怪道："你好残忍，让我失去了生活的拐杖。"原以为，在遥远的大西北，会有一段惊世骇俗的黄昏恋，让她忘记那些执手相依的昨天。原以为，这寥落无味的人间，让她重新找到了一根生活的拐杖，可以在寒凉的尘世相互取暖。难道这一切，又是她独自营建的虚幻梦境？

顾不了那许多，她必须去，她要用温柔的时间，去抚平王洛宾心中的伤。背上沉甸甸的行囊，带着长住所需的衣物，装上一颗多情柔软心，登上去乌鲁木齐的飞机。她心中认定，千山之外，有一个属于她的家，一个沧海桑田的家。执着桀骜的三毛，始终不相信，年龄会是距离。

不能在最美的年华里与他相遇，谈论诗酒文章，已是人生憾事。既然上苍给了他们相逢的缘分，又何必还要为无知的世俗而再次错过。她不是那位年轻美丽的卓玛姑娘，也没有那根浪漫的牧羊鞭，但她有深邃温厚的人生阅历，有明净如水的古雅情怀，有洗尽铅华的淡泊风采。

然而抵达乌鲁木齐，有件事令三毛心中十分不悦。她下机时，看见王洛宾穿西装，系领带，神采焕发。接下来，强烈的荧光灯和摄像机对准了她。这突如其来的场面，让三毛脸色苍白，无言以对。

后来经过王洛宾耐心解释，才知道，原来乌鲁木齐的电视新闻工作者，正筹划拍摄一部反映王洛宾音乐生涯的纪实性电视片。听说台湾作家三毛要来，便精心安排了这段欢迎三毛的场景。可三毛认为，她来乌鲁木齐，是和王洛宾两个人的事，与他人无关。

为了王洛宾，三毛掩饰了内心的郁闷，微笑地接下那束鲜花，与他携手并肩，走出机舱。黄昏的乌鲁木齐，在残阳下有一种与世隔绝的苍凉。三毛觉得，那些人只是前来应景的过客，她很快就可以摆脱他们，和王洛宾一起隐进这座孤独的城，静静相守。

回到王洛宾的家，三毛有种尘埃落定的释然。王洛宾早已为三毛准备好一间简洁舒适的住房，有床，有书桌，有温暖的台灯。那个夜晚，三毛穿起了藏式衣裙，听着民歌。她静坐在王洛宾身边，陪伴这位沧桑老人，唤醒那些沉睡了多年的记忆。

她分明看到，他眼角闪烁的晶莹泪花。这泪花，叫感动。三毛和王洛宾交谈着，如何布置这个宽敞的住宅，让这里从今以后不再冷清，弥漫烟火幸福。三毛努力想要实现，和王洛宾真诚相处的生活。

他们各自骑一辆脚踏车，穿行在乌鲁木齐的小巷街市，进出百货公司、瓜果摊、菜市场、鲜花店。三毛知道，他们不必再去追寻虚无的浪漫，执着华丽的情感。她觉得，平凡真实的生活，是人世间最动人的故事，最美丽的传说。

事与愿违。不知为何，电视摄制组的人，接连几天邀请王洛宾出去拍外景，又到他的寓所进行实拍。熙攘纷扰的戏剧，彻底搅乱了三毛的宁静。编导们甚至要拍三毛访问王洛宾的镜头，三毛被迫充当演员。之后，又是一连串的编排，三毛强忍着委屈，将这出戏演完。

戏一结束，三毛就病了，卧床不起。她不能忍受被人充当戏子和道具的屈辱。她突然明白，所有的一切，都是她一厢情愿的想法。这位迟暮老人并不能真正理解，她内心深处需要的那份简单与纯粹。又或许，他知道，他给不起，抑或是他不想给。

王洛宾请了一位女孩悉心照料三毛，而自己仍奔忙于摄制组的活动。他的冷落，让三毛似觉光阴寂寥漫长，她终是清醒了。人生最大的悲哀，莫过于清醒。王洛宾弄丢了她的拐杖，浇灭了她的热情。有些爱，只能一辈子藏于心底；有些人，注定不能拥有。

王洛宾，年近八旬的民歌大师，永远只是三毛尊敬的前辈。不要去猜测，他们之间是否真正有过交集，又为何会仓促擦肩。人生这本书，读懂了，平添烦恼和惆怅；读不懂，又徒留遗憾与感伤。

她以为，可以和这个千帆过尽的老人一起走完人生最后一段菲薄的光阴。她以为，可以在这座荒凉的城市从此远离尘嚣，和他平淡终老。她以为，看过红尘涛浪，历尽千劫百难之后，他们会有幸福的资本。

不承想，这人生之路，哪怕离终结只有一步之遥，都要一个人走完。

梦的原乡

有期待，有遗憾；有欣喜，有落寞。过往种种，都将随着她的离去，从此了无影踪。

不知从何时开始，秋天成了一首抒写离别的绝句。黄尘古道，烟水亭边，以及生命里许多转弯的路口，目睹过一场又一场的离别。一些转身，是为了明日的相聚；一些转身，竟成了永远的等待。

造化戏人，明明说好要同生共死，可不消几载春秋，便两两相忘。明知人生是一场与人无关的远行，亦没有谁可以为你分担人世间的辛酸，但终究还是忍不住要目送，要回眸。

送别之时，三毛情不自禁扑倒在王洛宾的怀里，失声痛哭。她心知肚明，与之同行的路，已经走到了尽头。有期待，有遗憾；有欣喜，有落寞。过往种种，都将随着她的离去，从此了无影踪。

王洛宾看着三毛渐行渐远的背影，内心涌动着一种无以复加的惆怅与失落。他似乎恍惚悟到，自己错失了一段多么珍贵的情感。他开始期盼着，三毛会再度归来。甚至从三毛离开的那一天起，就已经给她写信，翘首静候她的回首。

踏光阴而行，乘白驹游走，三毛知道，有一天她也会天涯却步，但她的故事绝不会断送在这个秋天。背上简单的行囊，粗布素衣，她做回从前的自己。这一站，三毛抵达了四川成都，这里又被唤作蓉城——一座与众不同的城，一座温柔而闲逸的城。

三毛出生在重庆，所以她初次来到成都，便爱上了这里。穿行在成都的宽窄巷子，淳朴的民风拂面而来。坐下来喝一壶闲茶，或是品几道川味小吃，静静地感受这座城里柔软的时光，巴蜀风情。这里没有鲜衣怒马的热烈，只有市井烟火的恬淡。

从成都出发，三毛去了世界屋脊——青藏高原。她朝拜了神山圣湖，在拉萨浩荡的天空下，看到了巍峨壮丽的布达拉宫。这片神秘的土地像一本无法解读的经文。飘摇的经幡，流转的经轮，让三毛觉得自己跌入一个神秘莫测的轮回里。

几日后，高原反应让三毛病倒了。尽管她对这片土地有一种敬畏的眷恋，但还是选择离开。她返回成都，又辗转去了出生地重庆。关于幼小童年的那段浅显记忆，早已模糊不清。但她强烈地感觉到，曾经有一段岁月，托付给了这里。

三毛登上渡船，开始长江之旅，邂逅了梦里久违的山峡。之后去了武汉，登上黄鹤楼，看白云悠悠，孤帆远去。凭着对历史的短暂追忆，三毛再次飞往上海。在张乐平家里度过人生里最后一个中秋节。这座风起云涌的城市，有一种惊世的美丽。那晚的黄浦江，在圆月下，高贵而温柔。

在灯火阑珊的暮色里离去，与南国水乡说声珍重再见。这段不短不长的大陆旅程，让三毛对祖国有了更深沉的情感。她甚至说过，如果今生还可以，她愿意嫁一个中国人，并且在大陆。和他过着波澜不惊的岁月，安享尘世如花的幸福。

三毛回到台湾，已是十一月中旬。看到王洛宾的来信，她有种恍若隔世的淡然。她冷静地给王洛宾回了一封信，告诉他，她和一个英国人已经在香港订婚，并祝福彼此以后的日子可以平静。三毛的订婚其实是一个谎言，她不希望那个孤独的老人为她的离去而内疚。她愿意默默承担一切，让他释然。

可谁曾知道，这也是三毛写给王洛宾的绝笔信。一九九一年一月五日凌晨，袖珍收音机传来了台湾作家三毛的死讯，王洛宾被这噩耗击得措手不及。他沉浸在痛苦与悔恨中，不敢清醒。沉默之后，他终于拨动了琴弦，为三毛写了一首歌《等待——寄给死者的恋歌》：

你曾在橄榄树下等待再等待

我却在遥远的地方徘徊再徘徊

人生本是一场迷藏的梦

请莫对我责怪

为把遗憾赎回来

我也去等待

每当月圆时

对着那橄榄树独自膜拜

你永远不再来

我永远在等待

等待等待

等待等待

越等待，我心中越爱

等待，一个永远不会归来的人。是无奈，亦是一种幸福。相
逢即是拥有过，也许我们不能祈求太多，无须收获太多。她选择
遗世幽居，红尘两忘，自有她的理由。活着的人，何惧离别久？
何以不心安？

对三毛来说，一九九〇年的这个冬天有种灿烂的萧然。错误
的时间，让她和王洛宾注定不能在那片荒原开出美丽的花朵。当
她着丽装出席金马奖颁奖典礼，虽然，《滚滚红尘》为她挣回了
一生的骄傲与尊荣，可她终究不是主角。就这样无端把欢乐给了
别人，将悲剧留给了自己。既然是戏，就不用过于认真。

三毛病了，多年的流浪生涯，让她落下了不少宿疾。这一次
她患的是，子宫内膜增生症。其实这并不是什么严重的病，一个
小手术便好。

在她住院治疗的前一日，三毛还给大陆知名作家贾平凹写了一封信。那是一九九一年一月一日的凌晨两点，窗外下着细雨。三毛告诉贾平凹，在当代中国作家中，她与他的文笔最有感应，看到后来，看成了某种孤寂。还说今生今世会好好保存，珍爱他的赠书。

她是吃了止疼药才写下的这封信，并告之要住院开刀。一时间没法出远门，没法工作起码一年，有不大好的病。信的结尾，又说起，倘若身子不那么累，过几月也许会去西安，期待着能与贾平凹先生相见。

这封信竟是三毛的绝笔。三毛自杀的消息，比信来得还要早。贾平凹得知三毛已逝，便写下了《哭三毛》。不几日，他收到了三毛死前寄来的绝笔信，更是悲伤不已。又写下《再哭三毛》，以此作为永远的怀念。

一九九一年一月二日下午，三毛住进台北荣民总医院。她要了一间带有浴室和卫生间的单人病房。在办理入院手续，进行病情检查的过程中，都没有发生任何异样的事情。

当日，三毛对母亲说："医院里有很多小孩在她床边跳来跳去，有的已长出翅膀来。"母亲缪进兰知道三毛一直喜欢幻想，以为她又在说胡话，便半开玩笑地说："你不要理他们就是了。"

这是一个很小的手术，十分钟即完成。三毛身子亦无大的毛病，但还是用了全身麻醉。醒来之后，三毛让母亲好好替她梳洗一番，因为她和一个心理医生有约。可这位心理医生并未如约前来，母亲也没有太在意。

吃过母亲带来的食物，三毛顿觉神清。她清楚地告诉父母，她已经好了，请他们回家歇息。据陈嗣庆和缪进兰回忆，他们走之前，三毛并没有说什么特别的话。她看上那么安然，有种一切灾难都将结束的平静。

夜晚，接近十一点的时候，三毛给母亲打了一个电话。所谈的都是病情，而且三毛语气平和。可一会儿，三毛在电话里突然说了许多话，声音大而急，缪进兰没有听清。最后只听见三毛说："医院里床边的那些小孩又来了！"

母亲知道，那是她的幻觉，只好哄她说："也许小天使来守护你了。"三毛当时笑了一声。直到后来，母亲再去回想电话里的那一声笑，真的好凄凉。

挂了电话的母亲始终不放心，她凌晨一点又打电话给一位在医院的好友，托他去看看三毛。朋友安慰缪进兰，告诉她晚上还去看过三毛，她谈笑风生，一切都好好的。

那晚，值班的医生查房，发现三毛病房的灯还亮着。三毛告诉医护人员，她的睡眠很浅，希望不要在夜间打扰她。

一月四日清晨七点，一位清洁女工进病房准备打扫，发现三毛用一条长丝袜，自缢于浴室吊点滴的挂钩上。三毛去世了，终年四十八岁。去世的时候，身穿白底红花睡衣。

三毛的遗体被抬到床上，颈部，有很深的勒痕。血液已沉于四肢，身子呈灰黑色。显然于医护人员发现以前，已死亡多时。法医推断三毛的死亡时间是凌晨二时。

检警人员认为，三毛自尽的浴厕内，医院设有马桶护手，三毛只要有一点点的求生意念，就可立即扶住护手，保住性命。可惜她没有这么做，想来她是真的累了。

姐姐陈田心说："关于她的自杀，我们都知道她可能有这一天，但不是那个时候。她其实是个相当注重整齐、漂亮的人，从不愿意以睡衣示人，连在家看她穿睡衣的时间都不多，怎么会穿着睡衣离世？"

香港、台湾各大报纸，刊出了三毛自缢身亡的消息。一时间，震撼了整个华人世界，也惊动了千千万万热爱她的读者。震惊、惋惜、悲痛、怀念，更多的，是流言和疑问。外界开始流传三毛被谋杀的言论，以及许多种种猜想。

这个一生传奇的女子，她的死，竟成了一个永远解不开的谜。其实，生死不过一念间。万物无常，许多事，都难以用常理来诠释。当三毛把肩上的包袱彻底放下时，我相信，那是上苍赐予她的恩德。

是非成败，果真转头即空。她一直在这世上，寻找真正的原乡。到现在才知道，这么多年的漂泊转蓬，却是为了回归来时的路。这场行到水穷、坐看云起的修行，总算有了尽头。以后的岁月，该是烟云俱静，日夜长宁。

做回过客

相信她，她去的那个地方，是幸福的归宿。且当作这是她留给我们，最后的承诺。

台湾作家龙应台在她的《目送》一书里写道："我慢慢地、慢慢地了解到，所谓父女母子一场，只不过意味着，你和他的缘分就是今生今世不断地在目送他的背影渐行渐远。你站立在小路的这一端，看着他逐渐消失在小路转弯的地方，而且，他用背影默默告诉你：不必追。"

是的，不必追，纵是想追亦追不上。三毛就是这样，一次又一次，将父母抛在身后。而父母也是这样，不断地目送她的背影，从盛年锦时，到白发迟暮。这一次，三毛破茧化蝶，翩然远去。今生今世，再也追不上她的脚步，看不到她的背影。

三毛曾说，人生是一场情缘，她既然走得这么坚决，就必然认为今生情缘已尽。当生命的旅程到了终点，她必须下站。生命长短不一，世事浮沉有定。这人间，不是谁先来，就要先走。那些曾经与她同行的人，有些提前走了，有些还要前行。无论有一天各自流散在哪里，只要心里有过彼此，就是温暖。

"如果选择了自己结束生命的这条路，你们也要想得明白，因为在我，那将是一个更幸福的归宿。"我们应该勇敢地相信，三毛真的选择自我了断，而且死亡是一个幸福的归宿。尽管可以找出种种三毛不会自杀的理由，但也没有谁制止得住她那颗求死之心。

"我的一生，到处都走遍了，大陆也去过了，该做的事都做过了，我已没有什么路好走了，我觉得好累！"这是三毛死前不久，对母亲说的话。这些年，三毛曾无数次说过这样的话，甚至好几次自杀未果。母亲缪进兰觉得这是文人的疯话，所以并没有过于当真。

当年荷西死后，那么苦，三毛都挨过来了。何况最近她并没有遇到什么沉重的打击，一些琐碎的烦恼之事，以她的承受能力，该是淡然处之的。可这一次，她是真的割舍一切，行至终点了。如此也好，以后再也不用林立于风中，看她瘦弱孤独的背影，一次次渐行渐远了。

父亲陈嗣庆一直都有某种预感，觉得爱女三毛终有一天会走上那条不归路。他知道这孩子自小就过分孤僻敏感，他几乎无法用言语来形容自己的女儿，只觉得，她一生都很寂寞——心灵的寂寞。

三毛死后第二天，老父亲陈嗣庆去了南京东路，那里有一座三毛居住的阁楼小木屋。这座风情小屋，处于繁华之处的一个宁静小巷。木屋有一株樱花树，正是这株樱花树，触动了三毛内心的柔软。

"在这失去了丈夫的六年半里，在这世界上，居然还出现了一样我想要的东西，那么我是活着的了。我还有爱——爱上了一幢小楼，这么一见钟情地爱上了它。"这座小楼是三毛风雨归来的家。可现在她也不要了，可见俗物皆累身。

流连了一下午，陈嗣庆并未发现遗书。小屋窗明几净，简洁清澈。很明显，三毛走之前细致地打扫过。就连马桶盖旁的垃圾桶、浴缸和地砖的接缝，也一尘不染。楼顶的木桌上搁着一本《泰山经石峪金刚经》，姐姐陈田心说，三毛近来常读佛经禅书。

父亲恍惚又想起三毛生前一直跟他谈论《红楼梦》。她多次告诉父亲，她最喜欢红楼里的《好了歌》。"世人都晓神仙好，惟有功名忘不了。古今将相在何方？荒冢一堆草没了！世人都晓神仙好，只有金银忘不了。终朝只恨聚无多，及到多时眼闭了……"

或许三毛觉得，与其一个人幽居在此，每夜听雨打落花，忍受源源不断的杂念，倒不如给自己找一条更宽的路，免了四季循环，悲欢更替。走的时候，红尘为她让道，天地不敢多言。

按照台湾的语言习惯，三毛是往生了。那条人人都要走的路，千百年来，死者寂静，而活着的人如何也停止不了悲伤。毕竟她踏上的，是今生今世再也不能回头的路。次日台北气温骤然下降，仿佛也在为这个悲情才女送别。

母亲缪进兰穿了一件红毛衣，这是三毛从大陆为她带回来的。三毛在一月一日的时候，提早送了一份生日礼物给母亲，一尊玉雕，一张卡片。这些年，三毛很少送母亲生日礼物，觉得这是俗气的做法。可去医院开刀的前一天，她忽然郑重地送给母亲礼物和卡片。

母亲甚觉奇怪，心想自己的生日不是下个月吗？三毛淡淡一说："怕晚了来不及。"难道那时候三毛就已经做好了轻生的准备，又或是她一时兴起，看着满头白发的母亲心生愧疚，想借此机会，表达这许多年不曾认真说出口的爱意？

三毛在卡片上写着："亲爱的姆妈，千言万语，说不出对你永生永世的感谢。你的儿女是十二万分尊敬、爱你的。"

爱有来生吗？如果有，三毛是否会延续今生未了的爱，和她的亲人重新来过，守候一份地久天长？今生，她坚心做一个自私的人，为自己活一次。由生至死，她都要一个人。她可以舍弃世界，却不能违背孤独。

三毛的葬礼，一切从简。三毛生前说过，她喜欢火葬，认为那样干净。她喜欢黄玫瑰，不爱铺张。母亲为爱女选了一件她平时最喜欢的衣服，缀上黄玫瑰，给她穿上。就这么静静地，送她去那个遥远的地方。

三毛的骨灰放置在阳明山第一公墓的灵塔上。这世上再也没有跟死人做伴更安全的事了，这是三毛说过的话。小时候的三毛，为了逃学，每天去坟场做客。现在她总算做了主人。在那里，不再有伤害，不再有离散。从此，她只安心做那个最温柔的人。

活着的人，依旧为她的死寻寻觅觅，悲悲戚戚。三毛的一生，不长不短。但这四十八年，她经历了异常丰富的过程，踏遍天高地广的山河。唯独离世，不留只言片语，徒留无限疑惑、无限落寞给众生。

三毛的忘年交眭澔平，留有一段三毛辞世前夜打给他的电话录音。"眭澔平，我是三毛，你在不在家？人呢？眭澔平……你不在家……好！我是三毛……"当时眭澔平人在外地，没有接到这个电话，也因此成了他终生遗憾。

其实就算接通了这个电话，以三毛的个性，也还是要走上那条路。这个女子何曾会受到外界的干扰，为谁止步。她的世界已经清澈见底，水落石出。

琼瑶认为，三毛的自杀与其疾病无关，更多的是内心深处的寂寞和绝望，写完《滚滚红尘》之后的三毛顿失寄托，人生已无所追求了。

她是三毛，无法接受平凡的岁月，不会让自己安静地度过一生。她的死与人无尤。任何的猜测，任何的哀悼，都是苍白。相信她，她去的那个地方，是幸福的归宿。且当作这是她留给我们，最后的承诺。

作家白先勇说："三毛自杀的消息传来，大家都着实吃了一惊，我眼前似乎显出了许多个不同面貌身份的三毛蒙太奇似的重叠在一起，最后通通淡出，只剩下那个穿着苹果绿裙子十六岁惊惶羞怯的女孩——可能那才是真正的三毛，一个拒绝成长的生命流浪者，为了抵抗时间的凌迟，自行了断，向时间老人提出了最后的抗议。"

说得多好，一个拒绝成长的生命流浪者，为了抵抗时间的凌迟，自行了断，向时间老人提出了最后的抗议。这才是三毛，敢于和时间力争输赢。剪去世事所有横生的枝节，从此再不怕光阴逼迫。盛宴散去，夜已深凉。

远处，传来齐豫清澈激越的声音，她唱着："不要问我从哪里来，我的故乡在远方。为什么流浪，流浪远方，流浪……"

今生就那么结束，又这么开始。这个叫三毛的女子，在另一个遥远的地方，重新背上行囊，做回了过客。一个人徒步，一个人流浪，一个人天涯。

如果有来生

我要做一棵树

站成永恒

没有悲欢的姿势

一半在土里安详

一半在风里飞扬

一半洒落阴凉

一半沐浴阳光

非常沉默非常骄傲

从不依靠从不寻找